古代歷史文化研究輯刊

十六編

王明蓀 主編

第7冊

論南朝劉宋二凶巫蠱弑帝

李奕岑 著

國家圖書館出版品預行編目資料

論南朝劉宋二凶巫蠱弒帝／李奕岧 著 -- 初版 -- 新北市：花木
蘭文化出版社，2016〔民 105〕
目 2+138 面；19×26 公分
（古代歷史文化研究輯刊 十六編：第 7 冊）
ISBN 978-986-404-751-2（精裝）
1. 政權 2. 南朝史
618   105014259

ISBN-978-986-404-751-2

9 789864 047512

古代歷史文化研究輯刊
十六編　第七冊　　　　　　ISBN：978-986-404-751-2

論南朝劉宋二凶巫蠱弒帝

作　　者　李奕岧
主　　編　王明蓀
總 編 輯　杜潔祥
副總編輯　楊嘉樂
編　　輯　許郁翎、王筑　美術編輯　陳逸婷
出　　版　花木蘭文化出版社
社　　長　高小娟
聯絡地址　235 新北市中和區中安街七二號十三樓
　　　　　電話：02-2923-1455／傳眞：02-2923-1452
網　　址　http://www.huamulan.tw 信箱 hml810518@gmail.com
印　　刷　普羅文化出版廣告事業
初　　版　2016 年 9 月
全書字數　110958 字
定　　價　十六編 35 冊（精裝）台幣 68,000 元

論南朝劉宋二凶巫蠱弑帝

李奕忞　著

作者簡介

李奕忞，1982 年出生於台北，私立佛光大學歷史系碩士，現爲國中社會科代理教師。研究領域爲魏晉南北朝史。

提　　要

　　六朝元嘉年間，史臣雖稱「內清外晏，四海謐如」，政爭的暗流卻不曾平靜過，文帝時期一幕幕政權爭鬥中，當屬元凶劭弒逆最爲兇殘，藉弒帝以奪位。元嘉三十年的一場宮庭政變（453），太子劉劭弒文帝於皇城內，即帝位建號太初；新創政權不過半載，旋即爲武陵王劉駿所領之義軍推翻，駿於新亭稱帝後一個月，劉劭等人伏誅。《宋書》並將劭、濬兩人立傳書寫爲二凶，而關於劭、濬大逆不道的形象，遂因史書文本建構而生，兩人因冠上「二凶」此一符號由是惡名昭彰，古往今來之讀史者，莫不以此觀點爲立論。

　　現今詮釋此段史實的歷史文本，若僅按孝武帝駿爲正統的論述，難以看出史實的全貌。唯從現存異同的史書載記中，憑藉時人諺語還原部分當時社會世人對這一連串政權爭鬥的看法，並在史書殘存的疑點裏挖掘出蛛絲馬跡，藉此從不同於正史的角度瞭解歷史事件。另既欲探究「二凶」弒帝篡位一事原委，則嘗試於元嘉年間政局變動的過程，與事件發生前後的中央政治派系轉變，歸納出相異於史書所建構之正統論述觀點，並還原部份歷史事件之眞相。

　　本文並將元嘉三十年間南朝宋政權的替換轉變看作一歷史事件來申論，由現存史料中的疑點進行文本分析，探求事件的本末，加以討論事件內人物的心態，藉此洞窺史書中未論述出的另一面向，闡述出本文對此歷史事件的觀點。

謝　誌

　　於宜蘭礁溪林美山間的求學過程，時光說短暫卻又留下諸多深刻的記憶，說耗時有多長久，卻也只是人生旅途裏的小環節，求學的路途沒有終點，中途多繞了個圈亦是無傷。看來我是揮霍著人生的，心裏總是對著自己這樣說著：「我不怕走錯，哪怕錯到走遠，只要最終能走出屬於自己的那條路，亦無憾。」更多時候，我把過往錯誤的經歷當成一種學習的過程，哪怕多踏錯的一步，都是多一次學習的機會與體驗，所有過去看似正確、錯誤與荒誕的經歷，都讓我學習著更堅強，更正向的面對未來的遭遇，乃至自己的人生規劃。雖然我曾在求學與人生的十字路口徘徊過，如今業已擇己所愛的學科修習，並完成本篇論文的寫作。感謝佛光大學歷史系，因爲沒有歷史系的栽培與養成，不可能有現在的我，更不會有這篇論文的誕生。

　　能夠書寫由自己發現且具有感觸的研究課題是幸福的。寫作的過程雖幾經波折，終順利完成，其中要感謝的人實在太多了。首先要感謝指導老師李紀祥老師給予我自由充份的選題與寫作發揮空間，更要感謝老師一路秉著有教無類的教學精神，從未放棄於時沉淺低潮的我。而王怡辰老師細心教導我魏晉南北朝史，乃至唐代政治史的觀念與知識，受益著實良多。本文課題亦是於老師所舉辦之讀書會所發想，並感謝老師與師母百忙之中撥空出席我的論文口試。還要感謝朱振宏老師於論文口試時給予的鼓勵與指教，老師細心的斧正文章內諸細節，我並會努力修正不負老師期望。

　　再來要感謝雙親多年來對我的支持，無論於寫作上，乃至現實生活，都給予我極大的鼓勵與深刻的感觸。感謝浩毅學長與嫂子對我論文寫作上的鼓勵，學長的好酒量與風采亦令我欽羨。宇清學長熱情的經驗分享，著實讓我

感到溫暖。范維兄讓我回憶起昔日互飲暢談心中想法的日子。典章兄的無私幫助與鼓勵，實令我感動。淑惠姐的無私相助與厚待，亦令我感激。而面對礁溪時期的老鄰居明治兄，除感謝昔日的鼎力相助與照顧外，更讓我感念的是過往於頂樓互吐苦水的日子。政其兄從入學時就相談甚歡，感謝其分享寫作經驗供我參考。難忘宏升兄對我的照顧，惠如姐與大哥的誠懇相待，坤灶大哥與世堯兄的關照，感謝於佛光大學求學的每個階段裏照顧與關心我的人，雖無法一一列舉，唯點滴心頭。最後我要感謝友人王冠文女士這些年的照顧，陪我渡過人生歲月裏的低潮，攜手面對此前遭遇的現實與情感困境，督促著我努力完成論文，實萬語千言難述盡心中感激之情。

　　論文修改至今，雖仍未至盡善，唯感謝之情已然溢於言表，謹將本文呈給疼愛我的雙親，關愛我的諸位老師，扶持我的學長姐，以及所有重視我的至親好友。希望能於坦然釋懷昔日一切，無愧於自己的同時，亦無負你們的期待。

李奕忞

2013.7.31

目次

謝　誌
第一章　緒　論 ……………………………………………… 1
　　第一節　研究動機 ……………………………………… 1
　　第二節　前人研究回顧 ………………………………… 3
　　第三節　研究目的與方法 ……………………………… 6
　　第四節　章節安排 ……………………………………… 9
第二章　宋初政局演變與元凶篡弒背景 ………………… 11
　　第一節　北府兵與劉宋政權的建立 …………………… 11
　　第二節　文帝與劉宋皇權的再造 ……………………… 17
　　第三節　元嘉年間政治派系的重組 …………………… 20
　　第四節　文帝親黨的形成 ……………………………… 25
第三章　論元凶篡弒始末 ………………………………… 31
　　第一節　論元嘉末朝中政治勢力派別 ………………… 31
　　第二節　論巫蠱事件真偽 ……………………………… 36
　　第三節　論元凶篡弒主因 ……………………………… 42
第四章　元凶弒帝與孝武建義 …………………………… 51
　　第一節　元凶奪位與弒帝後政局 ……………………… 51
　　第二節　元嘉末軍系的變動 …………………………… 57
　　第三節　諸鎮舉兵與孝武建義 ………………………… 71
　　第四節　末路 …………………………………………… 74
第五章　元凶形象塑造與正統論述 ……………………… 79
　　第一節　時人觀點 ……………………………………… 79
　　第二節　元凶形象塑造 ………………………………… 86
第六章　結　論 …………………………………………… 93
徵引書目 …………………………………………………… 99
附錄：荒主形象的重構——永光景和年間皇權政治
　　……………………………………………………………… 105

圖表次
　　圖 3－1：文帝朝親信任用關係圖 …………………… 35
　　圖 4－1：元凶入弒路線圖 …………………………… 53
　　圖 4－2：建康附近重要據點圖 ……………………… 54
　　表 3－1：元嘉末文帝朝中主要政治勢力表 ………… 34
　　表 4－1：劉宋元嘉朝具將軍號人物表 ……………… 58
　　表 4－2：元嘉朝文帝親信將領表 …………………… 62

第一章　緒　論

第一節　研究動機

　　金陵城外的街道燈火闌珊。建康爲南朝都城歷東晉、劉宋二朝，至今已百載有餘（317～453），作爲象徵華夏正朔的統治階層與政治集團亦在此孕育，既爲政權中心，京城區域並有「天府」之別稱。而深夜裏的金陵城格外寧靜，城內宮中的一處齋閣，皇帝正與其親信密談商議政事，既爲皇室姻戚又深受主上信賴的親信，手持燭臺於微弱的燭光下，順著壁邊來回繞行。近日皇帝每喜於深夜與朝中親信商會至旦，且刻意屏退諸下人，反倒爲其商議的內容增添幾許隱密感。

　　同時間都城外匯聚了一群人，他們出東府城正一路至太子左衛率袁府門前，沒一會功夫，一場宮廷事變已然發生，從被誅殺的袁淑開始。深夜裏袁府主人於奉化門被誅一事並未驚擾宮外城民的睡夢，更不可能爲宮內所察覺。

　　眾人誅淑後，更疾行過橋入城，趁宿衛羽林未及反應之際迅速通過直達宮內，拔刃直入合殿，闖進齋閣，打斷了皇帝與親信大臣間的密談，不由分說即一刀揮下斬去皇帝五指，接著便像農人採收稻穀般砍倒皇帝與其親信。時至清晨，於睡夢裏驚醒的宮內衛士、倉惶失措的大臣與尚未知情的城民，他們將共同迎來今晨的第一道曙光，面對眼前全然異同且瞬改的中央政局。

　　元嘉三十年間（453）的這場政變，肇起於太子行巫蠱，終致弒上奪位，上承文帝除其弟彭城王義康之末，下接劉宋宗室手足相殘之始，後人且視其爲千古奇變。唯文帝雖能裁弟，卻無以裁其子，乃至太子劭夥同二皇子濬率

－1－

黨徒起事政變，弒上於皇城內，並奪取皇位。時於江州西陽五水總統諸軍討蠻的文帝三子武陵王駿，旋而舉兵起義，倡孝義奉天道討劭、濬等人所建之新朝。諸地方要鎮於知曉中央政局生變後，亦懷孝義，發悲慟之兵，同討蠻軍抗命中央。由是境內狼煙四起，一分為二，分裂為效忠於元凶中央政權之逆黨，與申討孝義之義軍陣容。最終以孝武帝劉駿為首的起義軍全面勝出收場。

太子劭與二皇子濬等人政權既為孝武義軍陣營所推翻，又先有弒帝之實，故史書載記將二人冠以「元凶」、「二凶」惡名，其黨徒一竿人等皆成同惡群小。劭既為「元凶」，所創立的政權自被視為偽逆，不僅非法，亦不受承認。反觀孝武義軍陣營理所當然的被史書載記論述為以順討逆，應承天道之正朔。

雖說自古成王敗寇比比皆是，見史書裡的「二凶」與其黨徒，諸人悖逆弒上、枉喪人倫親情的行徑，當死有餘辜矣。唯詳究史書文本對事件之敘述，尚可發現諸多疑點，與違背邏輯的歷史內容，我們不禁要懷疑的是，太子急欲取得原屬於己之皇位的理由為何？真若史書所言肇起巫蠱後至弒逆嗎？又為何要採取如此激烈的手段來奪得皇位？豈如史書所載，太子、濬等諸人皆兇險乖逆之輩？本文對事件原由之真偽尚持懷疑之態度，亦難將太子黨徒諸人盡視為史書裡的荒誕之徒。按史書所言，劭既性桀且剛猛，又太子弒君父奪位行徑自然果斷且凶殘。假若太子真為行巫蠱弒君父且無復人倫之狂徒，觀其弒帝前有無其他瘋狂乖誕之行徑，亦可推論一二。另按照史書所論，太子於出生至長既有寵於君父，上每隨其意，又好讀史博，尤愛弓馬。由此見得劭當是體康之人，又頻繁參與政界內外活動，以皇位繼承人之身份活躍於元嘉年間的政治舞台。太子既無其他逆行過錯，又甚得上寵，更難論其何以於元嘉末突然驟行巫蠱，益發引起筆者對此政治事件研究之興趣。

又觀史書載記每將太子行巫蠱與之後政變弒君父兩事并作一論，由此論述出孝武舉義兵之正當性與正統性。究竟諸方鎮舉義是否真為申討孝義，為文帝盡忠，順應天道討伐凶逆？還是趁此風雲際會、諸方動亂之時，欲成大事？亦或是一場攸關皇權大位的豪賭？而歷來讀史者論述元凶巫蠱弒帝事件，又是據何觀點來看待「二凶」篡弒與孝武建義？最後於元凶篡弒奪位的當下，當世眾人又如何看待此一事變？是否尚存相異的觀點來看待此事？而世人應對元凶弒帝、孝武舉義推翻元凶朝諸事的態度又是如何呢？元嘉末諸

政治與軍事勢力則對事件本身起到什麼作用，捲入事件風暴內之人物又扮演著什麼樣的角色，是否眞如史書文本與後世研究者所述？上述種種疑點都有待我們逐條釐清。藉由史料內遺漏的蛛絲馬跡還原部份歷史事實的眞象，將有助於瞭解事件之本質，亦是本文何以選此歷史事件作爲研究課題之動機。

第二節　前人研究回顧

歷來讀史者看待太子劭弒帝奪位一事時，多抱持儒家孝義觀點之論述，由是強調孝武建義乃順天討逆，承天道所爲，如清人丁耀亢作《天史》便將之錄於〈大逆二十九案〉中。〔註1〕王夫之《讀通鑑論》亦大抵持相同之正義論述，認爲元兇弒帝枉喪人倫、有失天道，孝武繼之而起，乃回歸天道正軌。〔註2〕近人亦遵循著史書裏的正統論述延伸出相關論點，如錢穆《國史大綱》既言此事件爲門第之淪喪，以至宮闈之亂，無復倫理。〔註3〕何啓民《中古門第論集》除強調劉宋時期爲南朝門第中央權力漸次喪失的轉捩點外，並對宋、齊、梁、陳四朝提出粗泛的說明，認爲此間君主荒淫，導致政權更迭頻繁，高門大族爲求自保，從大我轉向至小我，權力更因此落入典籤等小人之手。〔註4〕張儐生《魏晉南北朝政治史》則認爲孝武在位時之行逕，亦堪與其兄劭同比。〔註5〕呂思勉《兩晉南北朝史》對事件的看法，亦不脫史書載記之論述，兼論二凶荒誕行徑同時，並認爲經此政變後，殺機一啓，後來者益變本加厲不可止矣。〔註6〕而王仲犖《魏晉南北朝史》則對太子劭弒帝奪位與之後孝武舉義皇室間的血腥奪權提出評價，且認爲統治集團內部骨肉相殘的醜惡行徑

〔註1〕 清・丁耀亢《天史》，《續修四庫全書・子部1176》卷1，頁22～23（上海：上海古籍出版社，1995年）。

〔註2〕 清・王夫之《讀通鑑論》卷15〈文帝〉，頁437（北京：中華書局，2011）。相關論述詳見本文第五章第二節內容。

〔註3〕 錢穆《國史大綱》第16章〈南方王朝之消沉〉，頁267～272（臺北：臺灣商務，1995）。

〔註4〕 何啓民《中古門第論集》第5章〈南朝的門第〉，頁130～132（臺北：臺灣學生書局，1982）。

〔註5〕 張儐生《魏晉南北朝史》第19章〈劉宋王朝之興衰〉，頁470～476（臺北：文化大學出版，1983）。

〔註6〕 呂思勉《兩晉南北朝史》第9章〈宋齊興亡〉，頁395～399（上海：上海古籍出版社，1983）。

令人民鄙夷，唯未申論太子行巫蠱一事。〔註7〕另朱堅章《歷代簒弒之研究》則將元凶弒君父原由歸爲欲自保而起。〔註8〕據上述可知九零年代前之研究學者，看待二凶巫蠱弒帝，乃至孝武繼之而起一事時，多持與史書載記和相關評論文本相同之觀點。唯元凶弒帝奪位可謂前無古人，後無來者，因而部份學者且視其行徑乃至事件本身爲殊例。既爲特例則難納入歷史演變脈絡中，往往只能於正統論述的高聳牆面下，順著缺口塡補缺縫。

　　近年大陸研究者漸次關注此一事件，察覺歷史研究細縫中遺留之獨白，著手針對元凶弒帝奪位事件提出看法與延伸解釋，如汪奎〈劉劭之亂與劉宋政局〉〔註9〕、〈劉宋元嘉時期的中外軍制〉〔註10〕、魯力〈宗王出鎮與劉宋政局〉〔註11〕、楊恩玉〈宋文帝與元嘉之治重估〉〔註12〕、朱玉華〈南朝宋、齊皇室內訌現象解析〉〔註13〕、王麗敏〈劉宋統治集團內部主要矛盾變化論述〉〔註14〕、李順禹〈劉宋宗王政治〉〔註15〕等諸文。薛軍力的〈劉宋初期對強藩的分割〉據元嘉三十年南兗州并南徐州一事，論述出於時并藩合州之用意，與背後潛藏中央政界與皇室間的權力爭鬥。〔註16〕張燦輝〈雍州勢力崛起與劉宋政治〉一文則述出雍州軍力佐孝武討敗元凶的重要性。〔註17〕而章義和《地域集團與南朝政治》〔註18〕、唐燮軍《六朝吳興沈士氏及其宗族文化研究》〔註19〕兩書並

〔註7〕　王仲犖《魏晉南北朝史》第6章〈宋齊梁的更替與南朝世族制度的僵化〉，頁391～393（北京：中華書局，2007）。

〔註8〕　朱堅章《歷代簒弒之研究》第5章〈簒弒的動機——權力與自保〉，頁180～221（臺北：嘉新水泥，1964）。

〔註9〕　汪奎〈劉劭之亂與劉宋政局〉《重慶社會學報》第144期，頁82～86（2006）。

〔註10〕汪奎〈劉宋元嘉時期的中外軍制〉《浙江師範大學學報》第149期32卷，頁85～89（2007）。

〔註11〕魯力〈宗王出鎮與劉宋政局〉《河南師範大學學報》第6期38卷，頁124～128（2011）。

〔註12〕楊恩玉〈宋文帝與「元嘉之治」重估〉《山東大學學報》第4期，頁89～93（2009）。

〔註13〕朱玉華〈南朝宋、齊皇室內訌現象解析〉，首都師範大學歷史學碩士論文（2004）。

〔註14〕王麗敏〈劉宋統治集團內部主要矛盾變化論述〉，鄭州大學歷史學碩士論文（2007）。

〔註15〕李順禹〈劉宋宗王政治〉，福建師範大學歷史學碩士論文（2003）。

〔註16〕薛軍力〈劉宋初期對強藩的分割〉《天津師大學報》第五期，頁52～57（1995）。

〔註17〕張燦輝〈雍州勢力崛起與劉宋政治〉《湖南師範大學社會科學學報》第4期，頁109～113（1995）。

〔註18〕章義和《地域集團與南朝政治》，頁67～97（上海：華東師範大學，2002年）。

強調元凶篡弒與孝武舉義，對於時地方與中央政治集團所產生的變動，唐氏文內則略論元凶行巫蠱之疑點。徐成〈東晉南朝雍州尚武豪族研究〉〔註20〕、陳金鳳〈從『荊揚之爭』到『雍荊之爭』──東晉南朝政治軍事形勢演變略論〉〔註21〕論及劉宋朝雍州地方軍力轉入中央的過程，亦延續前人之研究觀點，認為雍州豪帥便是趁元凶篡弒與孝武起義之機，順勢打入中央軍系。何德章〈宋孝武帝上台與寒人之得勢〉則論述繼元凶篡弒之後寒人地位的升降與變遷。〔註22〕李瓊英〈論寒人在劉宋宗室內亂的地位和作用〉一文更強調二凶弒逆、孝武舉義諸事件演變的過程裏，劉宋皇室對寒人階層之重用與其重要性。〔註23〕李文才《兩晉南北朝十二講》則嘗試透過白話簡扼述出其對事件的看法，並對太子劭提出作者自身之評價。〔註24〕

　　而日本學者對元凶篡弒之相關研究，多著眼於事件發生時間點前後所造成軍政之影響與變動。如川勝義雄於《中国の歴史──魏晉南北朝》論述劉宋皇室爭奪與元凶篡弒的背景下，寒門武人漸次上台的過程。〔註25〕川合安於〈『宋書』と劉宋政治史〉則指出元嘉二十七年北伐失利為文帝與太子衝突表面化的結果。〔註26〕安田二郎的《六朝政治史の研究》則闡述元嘉末皇權爭奪所造成的社會階級變動。〔註27〕宮川尚志的《六朝史研究・政治社會篇》亦以元凶弒帝一事，闡述出孝武建義上臺後南朝寒人政治地位的提升。〔註28〕

〔註19〕唐燮軍《六朝吳興沈士氏及其宗族文化研究》，頁 278～280（臺北：文津出版，2006）。

〔註20〕徐成〈東晉南朝雍州尚武豪族研究〉，揚州大學歷史學系碩士論文（2010）。

〔註21〕陳金鳳〈從「荊揚之爭」到「雍荊之爭」──東晉南朝政治軍事形勢演變略論〉《史學月刊》第 3 期，頁 34～39（2005）。

〔註22〕何德章《魏晉南北朝史叢稿》〈宋孝武帝上台與南朝寒人之得勢〉，頁 41～52（北京：商務印書，2010）。

〔註23〕李瓊英〈論寒人在劉宋宗室內亂的地位和作用〉《許昌學院學報》第 1 期第 25 卷，頁 22～25（2006）。

〔註24〕李文才《兩晉南北朝十二講》第 9 章〈南朝荒主與宮庭政變〉，頁 167～172（北京：中國國際廣播出版社，2009）。

〔註25〕川勝義雄《中国の歴史──魏晉南北朝》第 7 章〈宋・齊政權と貴族〉，頁 210～230（東京：講談社，1974）。

〔註26〕川合安〈『宋書』と劉宋政治史〉《東洋史研究》61 卷 2 號，頁 34（2002）。

〔註27〕安田二郎《六朝政治史の研究》第五章〈元嘉時代政治史試論〉，頁 258～266（京都：京都大學，2003）。

〔註28〕宮川尚志《六朝史研究・政治社會篇》第五章〈魏晉及南朝的寒門・寒人〉，頁 384～386（東京：日本學術振興會，1956）。

岡部毅史〈梁簡文帝立太子前夜——南朝皇太子の歴史的位置に関する一考察〉除說明文帝強化東宮兵制與元凶篡弒的關連性外，另略論元嘉二十六年太子劭監國一事。〔註29〕小尾孝夫〈劉宋前期における政治構造と皇帝家の姻族・婚姻関係〉則著眼於元凶篡弒前，元嘉時期文帝用以鞏固皇權之任人方針。〔註30〕小尾氏另於〈劉宋以後北府兵軍事地位考論〉一文中得出孝武上台之後中央軍制轉變的現象。〔註31〕

　　上述中日諸位研究學者雖對事件投以關注，且設法解釋二凶篡弒奪位事件對劉宋朝所帶來的影響，唯未對事件本身眞僞探究，甚爲可惜。故本文冀望能於前人的研究成果上再續專研，另針對太子劭行巫蠱之眞僞做辨別，尋出歷史事件裏的疑點，嘗試析出相異的論點，藉此還原此一歷史事件的部份眞相。

第三節　研究目的與方法

　　根據本章前節整理並知，今人於解釋元凶篡弒或透過此政治事件延伸論述之研究方向，可約略分爲三類：一爲強調事件本身的特殊性，藉此一殊例突顯於時劉宋朝皇室間乖誕荒謬之行逕，並從中提出相關的研究觀點。如錢穆《國史大綱》與呂思勉《兩晉南北朝史》二書，張儐生《魏晉南北朝政治史》、王仲犖《魏晉南北朝史》、李文才《兩晉南北朝十二講》等著作，乃至朱玉華〈南朝宋、齊皇室內訌現象解析〉皆按此類研究方向著墨。第二類則是探討元凶篡弒前政治局勢與政軍制度，期推論分析出元嘉後期劉宋朝皇室間血腥殺戮的原因。如汪奎〈劉劭之亂與劉宋政局〉、魯力〈宗王出鎮與劉宋政局〉、李順禹〈劉宋宗王政治〉等文。三則是解釋元凶黨徒弒君父奪權後，對劉宋朝軍政局勢之影響。如章義和《地域集團與南朝政治》與唐燮軍《六朝吳興沈士氏及其宗族文化研究》兩書便述出元凶政變隨之孝武起義造成雍州地方軍力打入中央軍方的過程；而日人安田二郎的《六朝政治史の研究》

〔註29〕岡部毅史〈梁簡文帝立太子前夜——南朝皇太子の歴史的位置に関する一考察〉《史學雜誌》118 編 1 號，頁 21～23（2009）。

〔註30〕小尾孝夫〈劉宋前期における政治構造と皇帝家の姻族・婚姻関係〉《歷史》第 100 輯，頁 1～26（2003）。

〔註31〕小尾孝夫〈劉宋以後北府兵軍事地位考論〉《南京曉莊學院學報》第 85 期，頁 39～43（2006）。

與宮川尚志的《六朝史研究‧政治社會篇》則強調事件之後寒人漸次於中央
政界發展的局勢。

　　由上述可析出前人研究的諸成果概要，一為劉宋朝於元凶篡弒前延續前
朝長年來一貫的宗王出鎮政策，但於元凶事變後宗室諸王漸難受至當朝皇帝
信任，又往昔士族高門每欲挾擁宗室窺覬皇權尚歷歷在目，上位者乃分權予
中央權力結構中較無謀奪皇權可能之寒人或其他社會階層人物，藉由重用寒
人來達到掌控朝野內外局勢，並透過典籤遙掌軍事征伐的情況。二則是元凶
篡弒與孝武上臺的過程，亦是中央與地方軍系變動的過程，雍州地方豪帥由
是進入中央軍事系統內。三則是將元凶篡弒後劉宋朝諸帝行徑同南朝諸帝歸
為荒淫無道。上述研究成果都有一個共通要點便是著眼立基於皇權，換句話
說，皇帝的意志主導了當前中央各類政軍制之變革，而其所作所為用意皆在
於鞏固權力。假若真如今日研究者所言，文帝身後諸帝皆荒淫失道，又該如
何歸類且脈絡化解釋出之後的政軍局勢演變？故諸觀點若分而論之，尚屬合
理，唯難并作解釋。見黃永年〈論武德貞觀時統治集團的內部矛盾和鬥爭〉
文內所述及其用以研究分析和解釋李唐初期黨爭的方法，黃氏是這樣說的：

　　　唐代的黨爭，也就是統治集團的內部矛盾和鬥爭……其實作為封建
　　　統治集團，其內部矛盾和鬥爭是無時不存在的……用什麼來分析和
　　　解釋當時的黨爭。有人用地域來解釋，說這是關隴人和山東人之爭。
　　　有人不同意，認為這種矛盾應該是世族地主和庶族地主之間的矛
　　　盾。我認為，這些解釋都失在求之過深。地域以及世族、庶族等問
　　　題，歷史研究工作者是應該考慮的，但作為統治集團內部的黨爭大
　　　多數還只是權力之爭，派系或小集團並非都按地域或世族、庶族來
　　　結合，不能用世族、庶族或地域來判斷一切，決定一切。〔註32〕

正如文內所述，無論朝代新舊更迭，改朝換代雖改變了當權者的面孔，仍舊
免不了封建統治集團內部的矛盾和鬥爭。若以元凶篡弒為例，本文認為重點
不在南人和晚渡北人之爭，也不全然是高門士族和寒人之間的紛爭，軍系的
變動亦難用地域集團來完整解釋，實際上作為統治集團內部的黨爭，大多數
還是權力之爭。

　　這層研究觀點的反思，近年也漸有研究者用於討論南朝政爭之本質，如

〔註32〕黃永年《唐代史事考釋》〈論武德貞觀時統治集團的內部矛盾和鬥爭〉，頁 3
　　　～4（臺北：聯經出版，1998）。

　　徐芬〈論劉宋景平年間中樞權力鬥爭〉開頭文意便闡明了作者的想法，且認為景平年間少帝義符與武帝劉裕的托孤權臣之間鬥爭，演變到最後廢帝，事件本質都是身陷政治風暴內人物對權力的追求，實無關於社會階層變革與各階層間的衝突。〔註33〕這樣的研究方向與研究概念，相對於昔日諸南朝皇權與政治研究文章而言，尚屬新穎；唯翻開中古史其他斷代之相關政治紛爭與衝突之研究，並已行之有年。如黃氏並將此研究概念延伸探討到北齊內部的胡漢紛爭。〔註34〕又王怡辰的《東魏北齊的統治集團》並由權力結構與統治集團內部派系著手，從而解釋東魏北齊內部的頻繁政爭，實非往昔學者所言，肇起於政爭人物的社會背景，更難論為胡漢文化間的衝突，唯從史冊裏勾勒出一幕幕眾人對皇權與中央權力追求的情景。〔註35〕故，本文期望藉由研究元凶篡弒事件前後政局與軍政變動，嘗試將前人的諸研究論點整合，提出異同的看法與解釋。

　　另觀本章前文所述可得知，尚未有研究者對元凶篡弒事件本身提出質疑之論點。雖吾人可能於史料、史書文本裏頭察覺事件諸疑點，無奈直接證據的缺乏，實難由此假設推翻史書所存之論點，亦既是辨別元凶行巫蠱的真實性，乃至弒君父奪位一事之真偽。故筆者雖對事件本身假以懷疑之態度，唯寫作肇始既未抱持深究元凶弒帝真偽之研究方向與目的，改採元凶弒君父奪位此一歷史中存在的「實」作為原點，探討史書文本裏所建構通達原點敘事路徑裏之「虛」，也唯有藉元凶弒帝的「實」，方能後推解釋出史書文本裏敘述事件之部份「虛」的內容。

　　日人小和田哲男的《惡人列傳》提供了數個值得本文參考的寫作觀點，文中並針對日本史裏的惡人作區分。〔註36〕依小和田氏所作的惡人分類反觀「元凶」，「元凶」黨徒可歸納為文中的第四類型（扮演對頭角色，而成為惡人）與第五類型惡人（因下剋上的「惡」，而成為「惡人」）。〔註37〕正如小和田氏所述及其寫作觀點：

〔註33〕徐芬〈論劉宋景平年間中樞權力鬥爭〉《南都學壇》第 6 期第 29 卷，頁 33～36（2009）。

〔註34〕黃永年《六至久世紀中國政治史》第 1 章〈北齊政治鬥爭的真相〉，頁 5～39（上海：上海書店，2006）。

〔註35〕王怡辰《東魏北齊的統治集團》（臺北：文津出版，2006）。

〔註36〕小和田哲男著，吳宛怡譯《惡人列傳》，頁 1～8（臺北：臺灣商務，2011）。

〔註37〕前引小和田哲男《惡人列傳》，頁 6。

> 我認爲從現代的歷史認識的視點，重新審視當時的時代背景與人
> 物，這是現今最需要進行的工作。在本書中，我試圖經由其他的角
> 度或是不同的切入點，利用與過去不同的價值標準，再次審視歷史
> 上的「惡人」，並且重新評價這些人物。〔註38〕

本文研究元凶篡弒事件的部份目的，亦是透過與過往相異的觀點，嘗試站在與太子劭（元凶）相同的角度去看待與申論當時的政局演變，至少非處於其對立面來論述此一政治事件，透過還原部份被掩蓋的歷史事實，從中析出太子劭篡弒之前因後果，並探究時人對其篡弒奪位與孝武建義的看法，尋出其「元凶」形象背後所蘊藏之意義。

最後欲探究元凶篡弒事件本身，當區分促使東宮政變的導因，並觀太子等人篡弒前之政治背景，從而進一步瞭解「元凶」當下所面臨的情境與局勢。另針對史書文本裏的論述，歸納諸可能的疑點，透過脈絡化，嘗試兜起前因後果，循著較合理的敘述路徑找出相近於歷史事實的答案。而針對史書文本裏對捲入事件中諸人物的論述，本文則試圖藉由史書所遺留的蛛絲馬跡與當世時人語，還原部份事實之眞相。最後本文則嘗試梳理出一條有別於史書文本裏對事件論述的敘事路徑，對元凶巫蠱弒帝與孝武建義等事，提出不同的看法與觀點。另觀史書文本每令人混淆，究竟該將元凶行巫蠱看作一事，後弒帝政變奪取皇位看作另一事，還是連同孝武建義混作一談？本文且將兩事併而論之，後再分而析之，從中瞭解何以史書欲將之串連爲一事，具何心思，又欲何用。

第四節　章節安排

本文共分六個章節。第二章延續武帝建宋談起，論武帝建宋時之政治基礎與其倚仗之勢力，從而瞭解文帝即位時所面臨之困境，觀文帝即位時爲提升皇權所作之努力，進而闡述出元嘉年間政局變動主因。當然這不僅造就了文帝獨特的用人作風，亦對之後元凶篡弒事件產生極大的影響。

第三章則嘗試分析文帝元嘉年間的政局變動，與政界派系之紛爭。藉由分析政界派系的運作，解釋文帝任人用事作風的轉變，與最終導致其父子決裂的因素。本章亦針對史書裏諸多對事件不合邏輯之敘述加以論討，並嘗試析出元凶弒帝較爲可能之原由。

〔註38〕前引小和田哲男《惡人列傳》，頁2。

　　第四章嘗試論述元凶弒帝後之時局，更論元嘉末軍系的變動，藉此分析孝武建義時之武力基礎，深入瞭解元凶政變背後所倚仗之政治勢力。最後則述出元凶政權之敗亡。

　　第五章則藉由時人語與當世諸人對元凶弒帝一事之看法，析出有別於史書裏對此一事件之評價，與正統論述所掩蓋的異同觀點。另觀諸鎮起義者於元凶弒帝時之言行，對孝武起義一事提出相異的看法。最後則略談史書文本於劭政權兵敗倒臺後之加工，透過元凶形象的塑造，對後世乃至今日研究者產生了何種結果，並從中還原歷史事件之本質。第六章則是結論。

第二章　宋初政局演變與元凶篡弒背景

　　本章由武帝劉裕建宋與其背後所倚仗之武力（北府兵）談起。於論討武帝建宋後皇權交接的過程中，述出北府兵於劉宋時期之沒落，與文帝劉義隆上臺時所面臨的政治局勢。觀文帝於元嘉年間（424～453）一系列政治安排所具之意義，除瞭解元凶篡弒前之政局，與造就文帝任人用事作風之局勢外，當有助於釐清元凶篡弒原由。

> 沽酒南徐，聽夜雨、江聲千尺。記當年、阿童東下，佛貍深入。白
> 面書生成底用？蕭郎裙屐偏輕敵。笑風流、北府好談兵，參軍客。
>
> ——吳偉業〈滿江紅·蒜山懷古〉

第一節　北府兵與劉宋政權的建立

　　欲申論元凶劉劭弒帝背景，當於劉裕建宋談起，欲談其建宋必免不了論及「北府兵」於晉宋交替之際的性質與處境。按《宋書》：

> 先是高祖東征盧循，何無忌隨至山陰，勸於會稽舉義。高祖以爲玄
> 未據極位，且會稽遙遠，事濟爲難，俟其篡逆事著，徐於京口圖之
> 不憂不剋。……於是與弟道規、沛郡劉毅、平昌孟昶、任城魏詠之、
> 高平檀憑之、琅邪諸葛長民、太原王元德、隴西辛扈興、東莞童厚
> 之，並同義謀。〔註1〕

義軍共推劉裕爲盟主，成功興復晉室並將諸桓勢力逐離長江下游。晉末內外紛亂政局可見於《宋書》史臣所論：

〔註 1〕南齊·沈約《宋書》卷 1〈武帝紀〉，頁 5。（北京：中華書局，2011）。

　　餘妖內侮，偏眾西臨，苟、桓交逼，荊楚之勢危矣。必使上略未盡，
　　一算或遺，則城壞壓境，上流之亂方結。敵資三分有二之形，北向
　　而爭天下，則我全勝之道，未可或知。〔註2〕

究安帝隆安（397）以來內戰各方，其實力基礎可分爲四類，一爲東晉宗室勢
力，二爲門閥士族勢力，三則爲孫恩、盧循以道教紐帶與東土農民暴動結合
而成的勢力，四則爲劉牢之爲代表的北府將。〔註3〕作爲門閥勢力代表的桓氏
即於東晉宗室手中取得政治實權，後又敗於繼承江淮流民軍團背景之義軍。
這批於劉牢之敗亡後，藉起義驅除諸桓之機，新興的北府諸將，歷經艱辛討
伐孫恩、盧循農民武裝集團，並著手集團內部權力結構的重整，如檀憑之於
討桓戰事身亡，何無忌於盧循、徐道覆交戰間敗亡，劉毅、諸葛長民則先後
爲劉裕所誅除。

　　《宋書》載建義諸將「志在興復，情非造宋。」〔註4〕實際情況又是如何
呢？且見孟昶於起義前所言：

　　孟昶妻周氏富於財，昶謂之曰：「劉邁毀我於桓公，使我一生淪陷，
　　我決當作賊。卿幸早離絕，脫得富貴，相營不晚也。」……周氏追
　　昶坐，曰：「觀君舉措，非謀及婦人者，不過欲得財物耳。」〔註5〕

自然可知周氏瞭解夫婿之深，更重要的是起義首腦以有作賊的體認，賊志豈
無求富貴邪！又視諸葛長民事：

　　及劉毅被誅，長民謂所親曰：「昔年醢彭越，前年殺韓信，禍其至矣！」
　　謀欲爲亂……長民猶豫未發，既而嘆曰：「貧賤常思富貴，富貴必履
　　機危。今日欲爲丹徒布衣，豈可得也！」〔註6〕

而義熙三年劉穆之言於裕：

　　穆之曰：「昔晉朝失政……公興復皇祚……位大勳高，非可持久。公
　　今日形勢……劉、孟諸公，與公俱起布衣，共立大義，本欲匡主成
　　勳，以取富貴耳。事有前後，故一時推功，非爲委體心服，宿定臣
　　主之分也。」〔註7〕

〔註2〕　《宋書》卷51〈宗室傳〉，頁1483。
〔註3〕　田餘慶《秦漢魏晉史探微》〈北府兵始末〉，頁363～365（北京：中華書局，
　　　　　1993）。
〔註4〕　《宋書》卷100〈自序〉，頁2476。
〔註5〕　唐・房玄齡《晉書》卷96〈列女傳〉，頁2518（北京：中華書局，2011）。
〔註6〕　《晉書》卷85〈諸葛長民傳〉，頁2212～2213。
〔註7〕　《宋書》卷42〈劉穆之傳〉，頁1304。

從上述諸事可知義軍起義性質縱使複雜，唯非替盟主劉裕建宋，而富貴名位則是義舉事成後所得。那麼劉裕欲建宋，自然必須對初時起義之盟友進行整肅，以重建政治勢力的分配。

武帝既受晉禪建宋，按理已完成整合或弭平境內的反對政治勢力。若南朝劉宋政權是依恃京口楚子集團武力所建立的，那麼做為劉裕稱帝基礎的北府軍事力量，為何卻會在劉宋時逐漸凋零，遂至喪失其重要性與戰力呢？〔註8〕「北府兵」因「北府」地理位置關係，故於東晉宋時具有其政治軍事上的作用與影響。於地域關係中可歸結出北府兵的重要性與戰力漸次衰弱原因，一為長年征戰各地與境內戶口數的喪失，北府兵於劉裕時期從地方兵轉為中央兵性質，長年各地征伐以建其一己之勳業。爾後元嘉年間的南北征伐，更使北府受到嚴重的破壞與人口數的銳減，換句話說，就是過度消耗戰力，又遭受南北戰事對北府區域內牲口數的迫害，兵士數量難供增補。〔註9〕二為政治權力結構演變與軍系力量的消長，元嘉年間荊雍兵之興起，文帝以後，內亂興起，歷朝用兵，無分東西，荊雍府將，屢有入充宿衛，至此內鎮優重的北府，其軍事力量已失去對建康舉足輕重的地位。〔註10〕

晉宋交替之際的北府正因其地域與位置性，地區內的北府將往往與建康掌權者處於微妙的連帶關係中，每當京城內部產生權力爭鬥時，各政治派系都急欲拉攏這隻由江淮流民所組成的武裝力量。〔註11〕劉裕以北府將背景身份起義，其初始武力基礎自當是北府兵，一隻經劉裕重新整合的武裝力量，藉由北府兵數征北伐建立戰功，遂取得繼晉建宋之機。但既為人主後，這隻軍事力量是否為其所疾，則不易於現存史料裏掘查。觀裕誅諸葛長民、黎民後推動的土斷政策：「依界土斷，唯徐、兗、青三州居晉陵者，不在斷例。」〔註12〕義熙九年（413）土斷特例使劉裕掌控下的北府兵兵源仍可於僑籍民戶補充，另冀求達到邦人州黨竭誠盡力之效，圖日後安內北伐等戰事。從土斷例茲論劉裕與北府關聯性，固然只能強調北府兵於劉宋時期的特殊地位。〔註

〔註 8〕　相關論點參萬繩楠《陳寅恪魏晉南北朝史講演錄》〈楚子集團與江左政權的轉移〉，頁 206（臺北：雲龍出版，2003）。
〔註 9〕　相關論點參看吳慧蓮《東晉劉宋時期之北府》，頁 113～128（臺北：台灣大學，1985）。
〔註10〕　前引田餘慶〈北府兵始末〉，頁 376～378。
〔註11〕　吳慧蓮《東晉劉宋時期之北府》，頁 137～174。
〔註12〕　《宋書》卷 1〈武帝紀〉，頁 30。
〔註13〕　前引田餘慶〈北府兵始末〉，頁 375。

13）實際上，乃劉裕掌權整肅昔日起義朋輩劉毅、諸葛長民等異己後，進一步獲取北府區域內流民支持之政策，亦便於討伐得江漢人心，兼具宗室之重的荊州刺史司馬休之。見休之府錄事參軍韓延之復劉裕書曰：

> 聞親率戎馬⋯⋯便及兵伐。自義旗以來⋯⋯可謂欲加之罪，其無辭乎！劉裕足下，海內之人，誰不見足下此心⋯⋯來示云「處懷期物，自有由來」，今伐人之君，啗人以利，真可謂「處懷期物，自有由來」者矣！劉藩死於閶闔之門，諸葛斃於左右之手。甘言詫方伯，襲之以輕兵，遂使席上靡款懷之士，閫外無自信諸侯。以是為得算，良可恥也。〔註14〕

書信內容扼要的敘述出劉裕清算各反對勢力（昔日諸起義盟友）之過程，也間接影射時人對劉裕看法與傳聞。義熙十年（414）休之與雍州刺史魯宗之的敗亡，更象徵著劉裕重新平定東晉內部自安帝隆安以來士族、北府將與宗室諸政治勢力。

「劉裕義熙之政，實際上是軍中之政，也可以說是北府之政。」〔註15〕義熙時期的劉裕儼然位極人臣，以軍領政，藉由北府兵安內攘外，最終受晉禪。其政權亦可稱作劉裕等寒士與高門士族聯合的成果。〔註16〕如將歷史時間拉至淝水戰後，從東晉政治派別談起，劉裕既可能為王導、謝安所推行「鎮之以靜」政策派別的繼承人，並藉由此核心政策的施行，將支持鎮之以靜政策的各階層人物集聚於其周圍。〔註17〕所謂的鎮之以靜，於內部政治領域上是強調和與靖，而對北方的軍事行動則採以攻為守的政策。站在「鎮之以靜」政策立論反面的則是，另一以照搬西晉政治，把江東當成避難場所和繼續奢侈相高、佔山護澤、競招游食的腐朽勢力派系。派系主要有司馬道子與道子之子元顯等晉宗室成員。如此區分為腐朽的保守派，操持朝政，企圖破壞鎮之以靜政策；另為「鎮之以靜」的進步派，以地方士族勢力為主，重在維護鎮之以靜方針。〔註18〕兩者之間的矛盾尚可追溯至元帝渡江之始。〔註19〕所謂的腐朽勢力，派系初始極有可能只是奉

〔註14〕《宋書》卷2〈武帝紀〉，頁34。
〔註15〕前引田餘慶〈北府兵始末〉，頁375。
〔註16〕何德章〈宋孝武帝上台與南朝寒人之得勢〉，頁41（北京：商務印書，2010）。
〔註17〕萬繩楠《魏晉南北朝史論稿》〈淝水戰後的東晉〉，頁227～230（臺北：雲龍出版，1994）。
〔註18〕前引萬繩楠〈淝水戰後的東晉〉，頁221～226。
〔註19〕前引萬繩楠〈論淝水戰前東晉的鎮之以靜政策〉，頁181～192。

行元帝意旨的劉隗、刁協等人，他們肩負推動一系列以排抑豪強、崇上抑下爲政策中心內容的「刻碎之政」。〔註20〕

　　無論劉裕建宋是否自承或確實執行鎮之以靜方針，透過北府軍事背景整合各階層人物，拉攏至其周圍，並排除前朝宗室政治勢力是可想而知的。〔註21〕見武帝受禪後詔：

> 以奉晉故丞相王導、太傅謝安、大將軍溫嶠、大司馬陶侃、車騎將
> 軍謝玄之祀。〔註22〕

過往北府將領劉牢之等人於政治上舉棋不定，屢爲門閥貴族所用，後至兔死狗烹之際，裕夥同北府餘黨以盟主身份號召反桓興復晉室，方建宋又再度爭取與士家大族合作之態度。於形式上所宣之詔，可視其新朝政體將追崇於孫吳開始便遵循的以皇族爲首的大姓豪門聯合統治。〔註23〕當然這也說明武帝折衝妥協於世家大族，使其得以北府將之姿篡晉。武帝於建宋三年後崩，臨終前告誡太子：

> 檀道濟雖有幹略，而無遠志，非如兄韶有難御之氣也。徐羨之、傅
> 亮當無異圖。謝晦數從征伐，頗識機變，若有同異，必此人也。小
> 卻，可以會稽、江州處之。〔註24〕

首先從武帝觀點視之，作爲君父留給子嗣政治上的遺產可劃分爲三類，一是起家的江淮流民集團軍事力量，理應甚令武帝寬心。但從中不難看出北府將的凋零，究竟是經刻意整肅或數歷征伐遂僅存道濟一人爲北府將領袖，根據現存史料與前人研究實難武斷定論。〔註25〕第二類是由起義後歷

〔註20〕唐長孺《魏晉南北朝史論拾遺》〈王敦之亂與所謂刻碎之政〉，頁166～167（北京：中華書局，2011）。

〔註21〕相關論點參看王仲犖《山昔華山館叢稿》〈魏晉南北朝史餘義〉，頁539～554（北京：中華書局，1987）、前引田餘慶〈北府兵始末〉，頁375。

〔註22〕《宋書》卷3〈武帝紀〉，頁53。

〔註23〕相關論點參看前引萬繩楠〈淝水戰後的東晉〉，頁227。田餘慶《東晉門閥政治》〈後論〉，頁296（北京：北京大學，2005）。則認爲東晉門閥政治，最終爲南朝皇權政治所代替，但宋代、齊代以至梁代的某些制度設施仍帶有相當的過渡性質。

〔註24〕《宋書》卷3〈武帝紀〉，頁59。

〔註25〕有關北府將兵凋零沒落之說法論述不一。相關論點參看前引田餘慶〈北府兵始末〉，頁376～377。田氏認爲北府兵地位變化，始自文帝元嘉年間荊雍兵起之起，後北府則漸次衰落。吳慧蓮《東晉劉宋時期之北府》，頁174。吳氏則認爲大明、泰始以後，京口地區的豪俊漸漸凋零，而青、兗、冀一帶的豪族

經征伐所尋得成員，以徐羨之、傅亮爲首助其建宋的輔佐幕僚。按武帝所設想，既已夥同篡晉，當無其他異圖。三則是贊成建宋代晉的高門士族成員，以王弘、謝晦做爲代表人物。視武帝所言，自因晦出身陳郡高門，雖於建宋前已爲裕所任用，始終仍令其心存芥蒂。爾後亦見顧命佐臣派系間每有晦具叛意傳言。〔註26〕

觀武帝評道濟雖有幹略，而無遠志，及論道濟兄韶言可知，其身後的北府兵領導人物幹略居其次，無政治上的異圖方是劉裕最終選擇道濟的原因。間接透露武帝本身尚且擔心繼任者無法順利掌控這隻北府區域內的江淮流民軍團，恐受他人作爲政治上的應用；另頗爲矛盾的是，即靠其軍事力量起家，終至篡代，卻又慮身後子嗣亦受其害。見其後手詔：

> 朝廷不須復有別府，宰相帶揚州，可置甲士千人。若大臣中任要，
> 宜有爪牙以備不祥人者，可以臺見隊給之。有征討悉配以臺見軍隊，
> 行還復舊。後世若有幼主，朝事一委宰相，母后不煩臨朝。丈不既
> 不許入臺殿門，要重人可詳給班劍。〔註27〕

於安插諸子入各重鎮掌握地方兵權後，除提點少帝面對朝中重要派系的處置辦法，甚至慮及後代幼主臨朝，慎防外戚專權。當然，看似一切穩妥無慮的政權交接，孰難料想會事後變調了。

總結上述，劉裕夥同諸北府同志，爲眾人推舉爲盟主起義興復晉室，這批新興的北府諸將且平諸桓氏，隨即面對南方盧循的農民起義戰事。爾後東晉政治舞台上的權力競爭便圍繞著北府諸將與僅存的宗室任要展開，後裕藉整肅昔日起義盟友，逐步獨尊其北府將的領導地位。於掌控此一新建的江淮流民軍團後，內除晉宗室要員，外憑藉北伐建立功勛，終至篡代建宋。而劉宋政權即是折衝協調士家大族共同建立，這些依附劉裕的士家高門大族極有可能本身即與晉室在政策利益上長年衝突，遂贊同武帝建宋。觀武帝即位前後期間不斷分派任命諸子掌控長江中、上游諸方重鎮，但相較於依靠北府區

則成爲北府區域內重要勢力。傅樂成《漢唐史論集》〈荊州與六朝政局〉，頁108（臺北：聯經出版，2006）。傅氏引王夫之論宋武、宋文對北府有計畫之安排，言宋之不振，實由於北府解體。後又言：「故宋武聞關中陷，登城北望流涕而無可如何。」與文帝元嘉二十八年嘆誅道濟一事，揣其意，傅氏當認爲北府兵早則宋武、晚當宋文時解體，或見衰落之勢。

〔註26〕 《宋書》卷43〈徐羨之附兄子佩之傳〉，頁1335。

〔註27〕 《宋書》卷3〈武帝紀〉，頁59。

域內所起家的江淮流民軍事力量，其本身對後世子嗣能否完整掌控尚存疑慮，遂剩政治上無遠志的道濟一人值得武帝託付。觀武帝囑咐少帝的話語亦可知，儘管北府將於當時政圈宦界頗有人才凋零之勢，但依據過往北府地域位置與劉宋搏成淵源關係，這隻江淮流民軍團戰力尚具左右建康政局的作用，故武帝開頭雖論道濟一人，實言北府軍方按其設想處置，理無異圖疑慮。唯其身後事則有待後話了。

第二節　文帝與劉宋皇權的再造

本節標題所言的皇權再造，亦可看做皇權的再鞏固，或稱作將相對低落之皇權重新提升。會稱作再造，主要仍在於文帝元嘉時期間的政治運作無不圍繞在皇權問題上打轉，政治派系的整肅與重組亦與皇權脫離不了關係。

專制王朝的構造就像一副機器，皇權以絕對化的身份，絕對化的權力作為中核，一切事物便圍繞著這部機器，或供其養份，或作為其工具，實不容任何階級於專制制度下做直線的發展。〔註 28〕故當武帝所託顧命輔臣，既除廬陵王義眞，廢少帝後，雖立文帝亦不自安。見《宋書》蔡廓與謝晦言：

> 及太祖既位，謝晦將之荊州，與廓別，屏人問曰：「吾其免乎？」廓曰：「卿受先帝顧命，任以社稷，廢昏立明，義無不可。但殺人二昆，而以之北面，挾震主之威，據上流之重，以古推今，自免為難也。」

〔註 29〕

蔡廓話說得宛轉，宜都王義隆自樂於登上位，唯顧命佐臣握人主殺廢之權，顯然逾越作為專制制度核心的皇權甚多，既已「威震朝野，民且不知有天子。」〔註 30〕，自當超出身為人臣的權限。謝晦亦明此事，故而憂懼。當然這也是權力與自保交互進程所產生的結果。〔註 31〕權臣既廢少帝又弒義眞，竟無人有問鼎之心，雖見權臣黨徒間或疑有異圖的傳聞，但終迎宜都王義隆入承大統。〔註 32〕見《宋書》王華所言：

〔註 28〕徐復觀《周秦漢政治社會結構之研究》〈專制政治的社會基礎問題〉，頁 154。（臺北：臺灣學生書局，1975）

〔註 29〕《宋書》卷 57〈蔡廓傳〉，頁 1572～1573。

〔註 30〕清・王夫之《讀通鑑論》卷 15〈文帝〉，頁 419（北京：中華書局，2011）。

〔註 31〕朱堅章《歷代篡弒之研究》〈篡弒的動機——權力與自保〉，頁 180～191（臺北：嘉新水泥，1964）。

〔註 32〕《宋書》卷 43〈徐羨之附兄子佩之傳〉，頁 1335。

太祖入奉大統，以少帝見害，疑不敢下。華建議曰：「羨之等受寄崇重……且三人勢均，莫相推伏，不過欲握權自固……今日就徵，萬無所慮。」太祖從之，留華總後任。〔註33〕

又視《通鑑》王華、王曇首等勸義隆東入建康即位事：

諸將佐聞營陽、盧陵王死，皆以爲疑，勸王不可東下。司馬王華曰：「先帝有大功於下，四海所服；雖嗣主不綱，人望未改。徐羨之中才寒士，傅亮布衣諸生，非有晉宣帝，王大將軍之心明矣；受寄崇重，未容遽敢背德。畏盧陵嚴斷，將來必不自容；以殿下寬叡慈仁，遠近所知，且越次奉迎……羨之等五人，同功並位，孰肯相讓！就懷不軌，勢必不行。廢主若存，慮其將來受禍，致此殺害；蓋由貪生過深，寧敢一朝頓懷逆志！不過欲掌權自固，以少主仰待耳。」

〔註34〕

按華所言，因出身地位的差異，又各權臣間，同功並位，相讓不易，總結出宰輔欲迎文帝，實求固權自保。回頭視廢少帝義符事件，從起事時欲連檀道濟參與並可知，手握淮南諸軍兵權的道濟，除爲其他顧命權臣拉攏對象外，事之成敗亦端視道濟意向。〔註35〕於道濟外擁兵眾，權臣又內不相讓的政治局勢下，遂奉迎寬叡慈仁的宜都王義隆入統。〔註36〕

　　最終義隆決定東入建康承大統，權臣派系又慮文帝至京城別授荊州於他人，徐羨之乃以錄命詔謝晦行都督荊湘雍益寧南北秦七州諸軍事、荊州刺史，欲令晦居外爲援。藉權臣無法自替的皇權，授與看似較爲相容的武帝三子宜都王義隆，並將長江上游方任重鎮掌控權轉換到手上。這是一次涉及皇位繼承權的政治利益條件交換，即令義隆離開初時高祖所配道憐的北府文武，亦將其久治的荊州納入權臣掌控範圍。另檀道濟仍舊控有淮南區域內諸軍兵

〔註33〕《宋書》卷63〈王華傳〉，頁1676。
〔註34〕宋·司馬光《資治通鑑》卷120宋文帝元嘉元年（424），頁3769～3770（北京：中華書局，2007）。以下簡稱《通鑑》。
〔註35〕道濟事見《宋書》卷43〈檀道濟傳〉，頁1342～1343。道濟出監南徐兗之江北淮南諸郡軍事、鎮北將軍、南兗州刺史。《通鑑》卷120宋文帝永初元嘉元年（424），頁3766。徐羨之等以南兗州刺史檀道濟先朝舊將，威服殿省，且有兵眾，乃召道濟及江州刺史王弘入朝……以廢立之謀告之。
〔註36〕相關論點參看祝總斌〈晉恭帝之死和劉裕的顧命大臣〉《北京大學學報》第2期，頁60～64（1986）。

權。至此，武帝所安排遺留作爲鞏固劉宋皇權的政治派別、軍系，甚至是地方兵權皆出於他人手中。

　　元嘉初年（424）的政治局勢，於朝中皆無文帝可信任的派系黨羽情況下更顯詭譎。〔註37〕形式上既要彰顯權臣宰輔擁其入承大統之功，臺面下浮現的政治運作卻又暗潮洶湧。皇權在此一時期相對低落於相權，文帝雖尊爲上位，實權大致仍掌握於宰輔手中。〔註38〕謝晦既先受錄命出爲荆州刺史，帝乃調任王曇首、王華爲侍中，曇首領右衛將軍，華領驍騎將軍，朱容子爲右軍將軍。又見《南史》到彦之任中領軍一事：

> 羨之等欲既以彦之爲雍州，上不許，徵爲中領軍，委以戎政。彦之自襄陽下，謝晦已至鎮，慮彦之不過己。彦之至楊口，步往江陵，深布誠款，晦亦厚自結納。彦之留馬及利劍名刀以與晦，晦由此大安。〔註39〕

文帝經由諸任命將過往荆州僚佐調任門下，漸次掌控禁軍。誠如上述，作爲文帝荆州輔佐親信的彦之尙須竭誠討好謝晦，以促其安心。一來自是相權過於皇權，面對權臣派系的謝晦，連身爲文帝人馬的彦之亦得謹愼行事。二則是朝中政局確有臺面下的浮動與不安，遂晦因彦之與其結納私交由是大安。

　　由此看來，於元嘉初年至三年（424～426）除羨之、亮等權臣的時間裏，文帝足以信任的政治派系，或論其主要親信，朝中唯過往荆州方任時期武帝所配以的輔佐幕僚。文帝乃通過調任中央與掌控禁軍等方法，將荆州輔佐幕僚再次兜圍於身邊。在地方州鎮勢力的掌控上，握有淮南區域內諸軍兵權的檀道濟，從廢少帝一事觀之，實亦難以信任。另權臣宰輔自因晦任荆州刺史遙控上游諸鎮，王弘則據有江州。故文帝即位初期，遺留予其的已非前代各項政治資產，而是諸制衡之政治勢力，宰輔既掌實權且居中遙控。面對這樣如坐針氈的爛攤子，說穿了，唯有透過文帝自身對皇權的再造，再次的鞏固提升皇權，擺脫顧命宰輔掌控政治實權的局勢，方能重回專制制度之正軌。

〔註37〕清·王鳴盛《十七史商榷》卷54宋文帝君臣條，頁493（上海，商務印書館，1959）。王氏且認爲文帝一朝用人作風實意難解，故筆者嘗試歸結於元嘉年間一系列的政治運作，解釋文帝何以這般「矛盾」的用事任人，詳見本文內文。

〔註38〕陳啓雲《漢晉六朝文化·社會·制度——中華中古前期史研究》〈劉宋時代尚書省權勢之演變〉，頁370～372（臺北：新文豐，1996）。

〔註39〕唐·李延壽《南史》卷25〈到彦之傳〉，頁675（北京：中華書局，2003）。

第三節　元嘉年間政治派系的重組

　　按前兩節的論述可知，劉宋皇朝既是結合士家大族共同組建，則形式上標榜著追尊自東晉王導、謝安以來的「鎮之以靜」內部和協政策。是否劉宋皇朝具意回歸東晉時期「王與馬，共天下」的貴族聯合統治，實難論斷。唯見文帝終一身奮力的就是獨尊皇權，將即位初始相對低落的皇權凌駕於任何政治勢力之上。宜都王義隆登上位前所具有的政治資源，亦即為初時武帝擊潰諸桓氏、後除晉宗室休之所領之重鎮荊州，還有義熙十一年（415）與道憐一并西入的諸北府文武。〔註40〕而其主要倚賴的武力，則為南蠻校尉到彥之駐守荊楚的軍事力量。見《南史‧到彥之傳》文帝欲入承大統事：

　　及文帝入奉大統，以徐羨之等新有篡虐，懼，欲使彥之領兵前驅。

　　彥之曰：「了彼不反，便應朝服順流，若使有虞，此師既不足恃，更開嫌隙之端，非所以副遠邇之望也。」〔註41〕

《通鑑》亦收錄此事，按胡三省所論，彥之既瞭其才能與軍力皆在檀道濟之下，可想而知，義隆為何懼於進京入承大統了。〔註42〕出於懼怕權臣們再次廢奪皇位，文帝即位後欲鞏固皇權所行的一切政策，便是由這層心境出發的。處如此的心裏壓力與政治局面下，具威脅皇權的功臣名將除之自當必然。由過往「親親」觀念出發，倚賴宗室弟子、寵任姻戚與重用舊部，自然可以被理解。而用人重門第、輕才能，應為當前政局使然。初始文帝入京，唯舊部親信堪任其朝中黨羽，與高門結合將之圍繞於皇權周圍，自免於少帝前車之鑑，亦防止其他政治勢力篡奪皇權的可能。

　　按上述，文帝根據血緣與婚姻紐帶建置出纏繞糾結的政治人際網絡，網絡組成份子有宗室、高門大族，甚至是寒門士族等。居網絡中心的則是文帝。由此論文帝「刑德不樹」顯為武斷，刑德是否能公平彰顯，亦非其任用人才、拔擢親黨的主要目的，能否藉此鞏固皇位與獨尊皇權才是文帝一系列用人政

〔註40〕《宋書》卷 51〈宗室劉道憐傳〉，頁 1462。江陵平，以為都督荊湘益秦寧梁雍七州諸軍事、領護南蠻校尉、荊州刺史……北府文武悉配之。《南史》卷 2〈宋文帝紀〉，頁 37。帝曰：「諸公受遺，不容背貳；且勞臣舊將，內外充滿，今兵力又足以制物，夫何所疑！」相關論點參看魯力〈宗王出鎮與劉宋政局〉《河南師範大學學報》38 卷第 6 期，頁 125（2011）。

〔註41〕《南史》卷 25〈到彥之傳〉，頁 675。

〔註42〕《通鑑》卷 120 宋文帝永初元嘉元年（424），頁 3770。

策的重點。〔註43〕文帝於元嘉三年夥同王弘、檀道濟除去徐羨之、傅亮、謝晦爲主的權臣派系成員後，便依上述的用人方式，打造出親皇室的政治勢力。

　　於建制中外軍制的政策上，再次論證了文帝調和平衡的用人之術，藉宗室輪流掌控地方重鎮兵權，居中則不斷強化擴充東宮軍事力量，以避免後繼子嗣遭淪少帝之前例。透過宗室與異姓高門的相互牽制，中外軍的互相制衡，將同姓宰輔、異姓權臣、太子宗王、地方藩將等各種勢力納入皇權政治之中，並使皇權得以獨尊於各政治勢力之上。〔註44〕

　　討平謝晦後，文帝遷檀道濟爲都督江州荊州之江夏豫州之西陽新蔡晉熙四郡諸軍事、江州刺史，試圖將道濟北府將性格淡化，亦便於逐步安插親信將領掌控北府與淮南區域內諸軍兵權。見元嘉七年（430）帝遣南豫州刺史彥之北伐一事：

> 上於彥之恩厚，將加開府，欲先令立功。七年，遣彥之制督王仲德、竺靈秀、尹沖、段宏、趙伯符……等北侵，自淮入泗。泗水瀸，日裁行十里。自四月至七月，始至東平須昌縣。魏滑臺、虎牢、洛陽守兵並走。彥之留朱脩之守滑臺，尹沖守虎牢，杜驥守金墉。十月，魏軍向金墉城，次至虎牢，杜驥奔走，尹沖眾潰而死。魏軍乃進滑臺。時河冰將合，糧食又罄，彥之先有目疾，至是大動，將士疾疫，乃回軍，焚舟步至彭城。初遣彥之，資實甚盛，及還，凡百蕩盡，府藏爲空。文帝遣檀道濟北救滑臺，收彥之下獄，免官。〔註45〕

又見《宋書》所述：

> 元嘉八年，到彥之伐索虜，以平河南尋復失之……虜逼滑臺。加道濟都督征討諸軍事，率眾北討。〔註46〕

文帝既要恩厚往日荊州僚佐親信彥之，先遣其率北府區域內諸軍北伐，時泗水水勢乾旱不利船行，延拖軍期至秋冬時節，竟而淪爲焚船回師大敗收場的局面，最後又不得不請出道濟來收尾。從結果論，除闡明道濟治軍征戰能力

〔註43〕相關論點參看楊恩玉〈宋文帝與「元嘉之治」重估〉《山東大學學報》第4期，頁90（2009）。本文對楊氏評論文帝用人政策觀點持保留態度，尚有可議之處。

〔註44〕相關論點參看汪奎〈劉宋元嘉時期的中外軍體制〉《浙江師範大學學報》第149期，頁85～87（2007）。汪氏並認爲文帝嘗試組建新的中外軍體制，藉中外軍勢力的平衡，達到穩固和提升皇權的作用。

〔註45〕《南史》卷25〈到彥之傳〉，頁675。

〔註46〕《宋書》卷43〈檀道濟傳〉，頁1343。

外，亦見文帝嘗試於軍事行動中樹立親黨之威信功績，恰巧適得其反而已。
如此結果當非文帝所樂見，彥之雖於來年重獲起用，但隔年即逝。北府都督
與區域內諸州刺史則大抵維持由宗室與姻親將門輪替出鎮。〔註47〕唯道濟於
元嘉三年經八年時北伐至十三年（426～436）伏誅其間，雖已位離頗具淵源
之北府都督職，凡十載久治江州，其戰力始終令京城建康掌權者如芒在背。
又身為顧命佐臣歷少帝被廢一事，故始終無法取信於文帝。且見《宋書》文
帝與宰輔義康收道濟黨羽一事：

> 道濟立功前朝，威名甚重，左右腹心，並經百戰，諸子又有才氣，
> 朝廷疑畏之。太祖寢疾累年，屢經危殆，彭城王義康慮宮車晏駕，
> 道濟不可復制。十二年，上疾篤，會索虜為邊寇，召道濟入朝。既
> 至，上間。十三年春，將遣道濟還鎮，已下船矣，會上疾動，召入
> 祖道，收付廷尉……於是收道濟及其子給事黃門侍郎植、司徒從事
> 中郎粲、太子舍人隰、征北主簿承伯、秘書郎遵等八人，並於廷尉
> 伏誅……初，道濟見收，脫幘投地曰：「乃復壞汝萬里之長城！」
> 〔註48〕

「生人作死別，荼毒當奈何。」〔註49〕道濟此番赴京連旁人亦感大事不妙。
建康掌權者既忌道濟難制，又不得不倚仗其武功，遂因文帝體況時壞時好，
陷道濟於收捕之間。由上引文推測，文帝經前車之鑑，極可能是憂懼繼位者
無法掌控道濟及其麾下的軍事力量，甚至遭逢與少帝相同的下場。前已論及
文帝於三年遷道濟為江州刺史、征南將軍，其意自是漸脫道濟與北府區域內
諸軍關連性，逐步改任帝系親信人物、宗室與姻親將門，圖將北府諸軍領導
權回歸至皇室掌控，如彥之率北府內諸軍北伐即是一例。視道濟子承伯於收
捕前任北府都督、征北將軍義恭府主簿，尚且難論文帝迫於何種政治局勢下
未解承伯職，唯可知道濟實未盡脫與北府諸軍的關連性，始終具備影響北府
諸軍動向之能力。依道濟見收前之言詞，所謂的「萬里之長城」，除再次應證
此前論及武帝與北府將關係外，其中更具深遠意涵。

〔註47〕 清・萬斯同《二十五史補編》〈宋方鎮年表〉，頁 4256～4262（北京：中華書
　　　　局，1955）。並比照《宋書》與《南史》可得，此時期任北府區域內諸刺史職，
　　　　實多為宗室親王與外戚。
〔註48〕《宋書》卷 43〈檀道濟傳〉，頁 1343～1344。
〔註49〕 宋・李昉編纂《太平御覽》卷 885〈妖異一・怪〉，頁 4064（臺北：臺灣商務，
　　　　1986）。

　　道濟一死，代表的是前朝所遺留之宰輔權臣派系成員悉數倒臺，也象徵著北府區域內，於晉末武帝劉裕重新培植具領導江淮流民武裝力量作用之北府將的隕落。〔註50〕文帝除按高祖遺詔分派皇子、宗室出鎮外，亦分而治之，凡有征伐，則派詔使典籤遙授戰略以防諸將自專，免去宗室坐大危及中央政權之可能。〔註51〕姑且勿論文帝除道濟一事於北府區域內或南北軍事上衍生的影響。在政治上，文帝透過各種政策施行，終至直接掌控北府都督區，並免去當前區域內具備整合各武裝力量危及建康政權的政治勢力。事實上，這也說明了元嘉時期的北府兵，亦早脫武帝時之性質。〔註52〕

　　於整肅權臣派系後，除重用宗室外，親皇室的高門大族成員遂為文帝任用對象，並經由連姻提結各類可作為鞏固皇權之份子，透過上述的作法逐步打造出親皇室的政治勢力。於宗室任用中，因諸子年歲尚輕，初時藉宗王兄弟出鎮遙控地方，居中則位宰輔以固政權。然而，文帝長年臥病與察察的個性，遂使性吏職，銳意文案的義康，捲入元嘉年間的政局紛爭中。見《宋書》言：

> 義康性好吏職，銳意文案，糾別是非，莫不精盡。既專總朝權，事決自己，生殺大事，以錄命斷之。凡所陳奏，入無不可，方伯以下，並委義康授用，由是朝野輻湊，勢傾天下。義康亦自強不息……府門每但常有數百乘車，雖復位卑人微，皆被引接……人物益以此推服之。愛惜官爵，未嘗以階級私人，凡朝士有才用者，皆引入己府……自下樂為竭力，不敢欺負。太祖有虛勞疾，寢頓積年……義康入侍醫藥，盡心衛奉，湯藥飲食，非口所嘗不進……內外眾事，皆專決施行。〔註53〕

元嘉六年（429）王弘表義康入輔後，徵為侍中、司徒、錄尚書事，與弘共輔朝政。史言：「弘既多疾，且每推謙，自是內外眾務，一斷之義康。」〔註54〕

〔註50〕相關論點參看前引田餘慶〈北府兵始末〉，頁374、田餘慶《東晉門閥政治》，頁244～247。

〔註51〕相關論點參看吳慧蓮〈六朝時期的君權與政制演變〉《漢學研究》21卷第1期，頁138～140（2003）。陳國琳《魏晉南北朝政治制度研究》〈魏晉南朝都督制〉，頁245～252（臺北：文津出版，1994）。

〔註52〕相關論點參看前引吳慧蓮《東晉劉宋時期之北府》，頁113～120。

〔註53〕《宋書》卷68〈武二王義康傳〉，頁1790。

〔註54〕同上註。

按照上述，義康既專總內外眾務，且權傾天下，為人物所推服，甚至將朝士有才用者納入己府，自然生成一派。又見《宋書》言：

> 義康素無術學，闇於大體，自謂兄弟至親，不復存君臣形迹，率心遊行，曾無猜防……尚書僕射殷景仁為太祖所寵，與太子詹事劉湛素善，而意好晚衰，湛常欲因宰輔之權以傾之……南陽劉斌，湛之宗也，有涉才用，為義康所知，自司徒右長史擢為左長史。從事中琅邪王履、主簿沛郡劉敬文、祭酒魯郡孔胤秀，並以傾側自入，見太祖疾篤，皆謂宜立長君。上疾嘗危殆，使義康具顧命詔。義康還省，流涕以告湛及殷景仁，湛曰：「天下艱難，詎是幼主所御。」義康、景仁並不答。而胤秀等輒就尚書儀曹索晉咸康末立康帝舊事，義康不知也。及太祖疾豫，微聞之。而斌等既為義康所寵，又咸權盡在宰相，常欲傾移朝廷，使神器有歸。遂結為朋黨，伺察省禁，若有盡忠奉國，不與己同志者，必構造愆釁，加以罪黜……自是主相之勢分，內外之難結矣。〔註55〕

義康於元嘉六年至十七年（429～440），宰輔時約十載，因素無術學，闇於大體，自謂兄弟至親，不復存君臣行迹，又權控朝野，朋黨亦有排他的表徵出現。義康黨徒自成派系，甚至形成一股窺伺皇權的政治勢力，當出於文帝盤算外。實際上義康宰輔朋黨能發展到如此境界，一來自是文帝長年臥病，二則是文帝諸子年紀尚輕難堪重任，三又見於文帝入承大統背景與其個性，即無法重用授權予異姓士族，高門大族亦未必取信於上。因即位初時，少帝前車之鑑歷歷在目，又身為人主卻處朝不保夕的政治局勢下，遂成其特有之性格。故雖為初時隨同入京之輔佐親信，亦分權處之，慎戒任何人物、政治派系有獨大的趨勢。恰巧元嘉初年均勢政局，遂促文帝順水推舟藉政局運作化被動為主動，使皇權居下轉上；見其同王弘、檀道濟除徐羨之、傅亮與謝晦，後調王弘入朝，最後除去道濟事例可知一二。

聯合次要政治勢力打擊可能危及皇權的主要勢力，一直是文帝元嘉年間慣用鏟除政敵的手法，也是迫於情勢所作的選擇。故而非文帝意欲分權來達到各政治勢力間的平衡，實是情勢局面使然；非文帝好任高門大族，實亦高門反對勢力難以盡除。〔註56〕處如此情況，唯血緣難以切割，即是任事用人，

〔註55〕 《宋書》卷68〈武二王義康傳〉，頁1790～1791。
〔註56〕 本文於此對楊恩玉〈宋文帝與「元嘉之治」重估〉與汪奎〈劉宋元嘉時期的中外軍體制〉提出之論點補充論證。

且以「親親」觀念處之，期能達到「尊尊」的目地。從元嘉三年平定上游荊州謝晦後，文帝信賴倚附的唯宗親血脈、隨同入京之輔佐幕僚，與透過聯姻而具姻戚關系之親帝系人物，其中又屬宗室親王在諸子尚幼的情況下最受倚重。十七年出義康後，情勢畫變，見接任之義恭事：

> 十六年，進位司空。明年，大將軍彭城王義康有罪出藩，徵義恭爲
> 侍中、都督揚南徐兗三州諸軍事、司徒、錄尚書……義恭既小心恭
> 慎，且戒義康之失，雖爲總錄，奉行文書而已，故太祖安之。〔註57〕

這不僅說明皇權在文帝一連串政策的謀劃下，實權逐步提升，一改少帝時之頹勢，亦見文帝始慮宗王兄弟攬權，與其心所憂之疑慮。

第四節　文帝親黨的形成

按前節所言，文帝義隆自因稱帝掌權過程與政治背景的影響，遂而造就其用人端視宗法，著重血緣關係，卻又處處戒慎憂懼的個性。從義康出爲江州刺史時「上唯對之慟哭，餘無所言。」〔註58〕文帝似糾結於親情與君臣倫理的收放之間。又見會稽長公主與文帝宴集上的對話：

> 會稽長公主，於兄弟爲長，太祖至所親敬。義康南上後，久之，上
> 嘗就主宴集甚歡，主起再拜稽顙，悲不自勝。上不曉其意，自起扶
> 之。住曰：「車子歲暮，必不爲陛下所容，今特請其生命。」因慟哭。
> 上流涕，舉手指蔣山曰：「必無此慮。若違今誓，便是負初寧陵。」
> 既封所飲酒賜與義康，并書曰：「會稽姐姐飲宴憶弟，所餘酒今封送。」
> 車子，義康小字也。〔註59〕

究竟會稽長公主是心有所感，還是受人囑託代爲尋問文帝意向，實難推測。唯可知眼下義康南放江州後，當傳上欲除之的風聞，又或者長公主自知文帝的察察個性，義康必在劫難逃，故爲之請命。後亦可見，文帝每遇親族爲帶罪者央求去留，逢之便泣的賺淚場面。視會稽公主爲其兒湛之求於上一事：

> 會稽公主身居長嫡，爲太祖所禮……忽有不得意，輒號哭，上甚憚
> 之。初，高祖微時，貧陋過甚……有納布衫襖等衣，皆敬皇后手自
> 作，高祖既貴，以此衣付公主，曰：「後世若有驕奢不節者，可以此

〔註57〕《宋書》卷 61〈武三王義恭傳〉，頁 1644。
〔註58〕《宋書》卷 68〈武二王義康傳〉，頁 1792。
〔註59〕同上註，頁 1795。

衣示之。」湛之為大將軍彭城王義康所愛……及劉湛得罪，事連湛之，太祖大怒，將致大辟……公主即日入宮，既見太祖，因號哭下牀，不復施臣妾之禮。以錦囊盛高主納衣，擲地以示上曰：「汝家本貧賤，此是我母為汝父作此納衣。今日有一頓飽食，便欲殘害我兒子！」上亦號哭，湛之由此得全也。遷中護軍，未拜，又遷太子詹事，尋加侍中。〔註60〕

公主總算靠著敬皇后當年為武帝所作之衣物保全湛之。

隨著義康下放，劉湛黨人皆為文帝所除後，義康餘黨孔熙先、范曄與謝綜等再次聚黨陰行謀逆。劉湛、孔熙先、范曄與謝綜等先後謀推義康篡位，實徹底粉碎文帝與宗王手足間的信任。〔註61〕又見熙先勸曄謀逆一事原由：

曄素有閨庭論議，朝野所知，故門冑雖華，而國家不與姻娶。熙先因以此激之曰：「丈人若謂朝廷相待厚者，何故不與丈人婚，為是門戶不得邪？人作犬豕相遇，而丈人卻為之死，不亦惑乎？」曄默然不答，其意乃定。〔註62〕

熙先說得清楚，朝廷用人如真是相待厚者，自當與之婚聘。再次應證本文前所論及文帝用人之方式。元嘉二十二年（445）的預謀篡位，由徐湛之的告密失敗收場，義康與其子女並免為庶人。二十八年正月（451），終至北伐戰事失利人情騷動之際，賜死義康。

文帝經義康黨徒兩次逆謀事件後，如何使皇權得以穩固，消弱宗室親王窺視皇位之心，使其繼位者得免自身登上位時的困境，方為當務之急。義康與其黨徒陸續敗亡後，可見諸宗王紛受其事影響，除戒慎惶恐，亦懼在政務軍事上有所作為。接任的義恭只敢奉行文書，以避上疑。衡陽王義季則素嗜酒，自義康被廢後，遂為長夜之飲，略少醒日。按《宋書》所言：「索虜侵逼，北境擾動，義季懲義康禍難，不欲以功勤自業，無它經略，唯飲酒而以。」〔註63〕元嘉二十三年（446）北魏南侵，時任都督南兖徐青冀幽六州諸軍事、征北大將軍的義季，竟慮多所戰功，將引上疑，遂只能飲酒渾過時日。反是南郡王義宣，雖生而舌短，澀於言論，文帝本並視其人才素短，不堪居上流，後

〔註60〕《宋書》卷71〈徐湛之傳〉，頁1844。
〔註61〕相關論點參看陳春雷〈論劉宋前期統治階級的內部矛盾——從范曄之死說起〉《貴州文史叢刊》第3期，頁41～47（2003）。
〔註62〕《宋書》卷69〈范曄傳〉，頁1821。
〔註63〕《宋書》卷61〈武三王義季傳〉，頁1654。

卻因會稽公主每替其美言，終至二十一年（444）以義宣都督荊雍等七州諸軍事、荊州刺史。〔註64〕

　　朝中的政治派系勢力，遂因義康黨徒盡除後重新分配，首先是新興的文帝親黨漸次獨佔朝事，見《宋書·徐湛之傳》所言：

> 二十四年，服闋，轉中書令，領太子詹事。出爲前軍將軍、南兗州刺史……轉尚書僕射，領護軍將軍。時尚書令何尚之以湛之國戚，任遇隆重，欲以朝政推之……尚之雖爲令，而朝事悉歸湛之。初，劉湛伏誅，殷景仁卒，太祖委任沈演之、庾炳之、范曄等，後又有江湛、何瑀之，曄誅，炳之免，演之、瑀之並卒，至是江湛爲吏部尚書，與湛之並居權要，世爲江、徐焉。〔註65〕

又見《宋書·王僧綽傳》所言：

> 王僧綽，琅邪臨沂人，左光祿大夫曇首子也。幼有大成之度，弱年眾以國器許之……年十三，太祖引見……尚太祖長女東陽獻公主……元嘉二十六，徙尚書吏部郎，參掌大選……二十八年，遷侍中，任以機密……先是，父曇首與王華並爲太祖所任，華子嗣人才既劣，位遇並輕。僧綽嘗謂中書侍郎蔡興宗曰：「弟名位應與新建齊，超至今日，蓋由姻戚所致也……元嘉末，太祖頗以後事爲念，以其年少，方欲大相付託，朝政小大，皆與參焉。」〔註66〕

由上述可知，義康朋黨勢力經過文帝的兩次清肅後，除湛、曄等諸人被誅外，遂有被其吸收任用的人物，如徐湛之既以姻戚之資，又報漏叛黨風聲，漸次受到文帝重用，由義康朋黨轉入親帝系成員，遂與江湛同居權要。又視王僧綽謙讓之言，姻戚關係自然是文帝用人親任之標準，獲超遷拔擢應是其父曇首爲文帝初時荊州輔佐親信，又兼具高門大族身份的雙重政治背景使然。故僧綽得任尚書吏部郎，既是清重，又負責參掌大選，究識流品，諳悉人物，拔才舉能，實乃文帝欲整合選用親帝系高門大族成員之意。以後事爲念，更說明文帝元嘉末所作的人事安排，皆考量到繼位者能否妥當接收皇權順利繼承。

　　觀元嘉末，文帝親黨成員多爲皇室姻戚，其中少數身份並具早期荊州輔

〔註64〕《宋書》卷68〈武二王義宣傳〉，頁1795。
〔註65〕《宋書》卷71〈徐湛之傳〉，頁1847。
〔註66〕《宋書》卷71〈王僧綽傳〉，頁1850。

佐親信後代與高門大族等多重社會政治背景，僧綽即是一例。而文帝親樹黨羽居掌朝中政事，主要作用自然是防宗室諸王權力過大，並冀讓其後繼承者能順利承接皇權。

於皇子的任派上，除加太子東宮實質軍事力量，如東宮置兵與羽林等。一來現階段可做為護衛皇權之用，二則是身後子嗣可免少帝前車之鑑。另隨諸皇子年歲增長，漸次派任諸地方重鎮，遙掌地方兵權。〔註67〕按此前提下，諸皇子居外掌地方兵權護衛中央，東宮則建制強大的中軍挾制地方，政治朝事掌控上，則遍布親皇室之派系與姻親成員。文帝歷經數次政治風波，終鏟除即位初始的敵對政治勢力，與元嘉年間衍生的反對派系勢力，重新穩固皇權，牢牢把持朝政。

總結本章論述，武帝初時以北府將盟主之資，號召諸北府餘黨起兵，興復晉室，驅除諸桓，掃平畿內敵對勢力。透過劉裕的整合與新建，北府區域內的江淮流民武裝力量，遂成其意南征北討建功立勳。端視武帝建宋，自然北府將兵出力最多。唯論北府兵將凋零，現今研究說法不一，按傅樂成所言推論北府兵之解體，最早當為宋武聞關中陷時，晚則不出於道濟被誅。〔註68〕道濟的死，實使北府區域內流民軍團喪失統合及領導的人物。爾後文帝派宗室皇子輪調遙領北府都督職，前線防禦則交由異姓姻親將門統御，又懼地方諸將掌權過甚，每派典籤督軍，上則千里遙控州郡軍事戰略。北府都督內喪過往統領羈縻區域內諸武裝力量之能力，征伐在外又處處受制典籤詔令牽絆，自然會有蕭郎無力之感。文帝如此察察之個性與作風，雖免去北府過去政治上威脅京城建康的作用，但也間接大量消弱北府軍事力量。而觀其明知北伐每戰每敗，卻履試不倦，一方面自是欲令親信將領藉北伐樹立戰功，以便奪取北府實質領導權，或再立親帝室之新興北府領導人物，只嘆北伐皆連失利事與願違。

少帝被廢後，文帝倚恃所領上游荊州重鎮與此前西入的北府文武，與宰輔權臣達成協議入承大統。於元嘉三年除去權臣後，逐步著手建立親帝室派系，力圖擺脫登位初始勢單力薄的政治局面，其倚靠血緣、連姻等諸方法，匯集各類親帝室份子於周圍。

〔註67〕相關論點參看唐長孺《魏晉南北朝史論拾遺》〈西晉分封與諸王出鎮〉，頁141、陳長琦《戰國秦漢六朝史研究》〈南朝時代的幼王出鎮〉，頁294～313（廣州：廣東人民出版社，1997）。

〔註68〕傅樂成《漢唐史論集》〈荊州與六朝政局〉，頁108。

　　隨著王弘的逝去，道濟黨徒見收，宰輔權臣派系終為文帝所盡除。唯因文帝長年病體虛弱，政事俱委皇弟義康，反予義康糾結朋黨的機會。最終，歷經兩次整肅，漸次排除義康黨徒於朝中之政治勢力。而在文帝義康主相爭權事件發生後，武帝諸子觀義康下場，揣主上之情，遂有異同際遇與處事作法。

　　文帝有鑑過往義康以宗室宰輔之資掌控朝野，險成反對勢力作為窺視皇權之用，遂居中重樹親黨牢掌朝政，並加重東宮宿衛軍事力量，以免身後繼位者再受奪嫡之慮，外則分派漸次年長的諸子分鎮方任，形成中外呼應之勢。於文帝將皇權推至高峰，一切看似妥當之際，遂因劭、濬等太子東宮黨人謀反，再次打破文帝費心創建的政治勢力版圖。

第三章　論元凶篡弒始末

　　本章將延續前文論討劉宋朝元嘉末政局，探究元嘉末朝中政治派系的形成與分布，進一步瞭解元嘉末文帝朝中政治局勢，並由元嘉年間文帝一朝的政局演變析出東宮太子黨徒篡弒奪位之原由。另針對史書文本所言太子劭肇行巫蠱後至弒帝一事，探討巫蠱於政治上之性質與作用，並尋出史書文本裏相關可疑之處，辨別元凶行巫蠱之眞僞與可能性，最後述及元凶行巫蠱之用意與史書文本所持論點之差異。

第一節　論元嘉末朝中政治勢力派別

　　針對元凶篡弒奪位的研究，近人嘗試歸究爲社會階級衝突之結果。透過往日學界對東晉南朝士族高門研究概念延伸論述，假統治集團概念，企圖解釋事件發生之始末。進而有高門士族江湛、徐湛之等人，與太子東宮黨徒之衝突，推論元凶弒帝奪位之原由。更有甚者，或論劉劭之亂，實因劉宋統治階層分化嚴重，太子東宮勢力與高門士族的矛盾，皇權與高門士族的矛盾激化所演變而成。〔註1〕首先，本文對上述解釋持保留態度，尚不能因東宮太子黨徒出身背景複雜，以此論其謀弒爲東宮黨徒對高門士族於政治間之反撲。另江湛、徐湛之等人是否劃定爲高門士族階層，亦有再論之處。

　　按上章節所言，文帝元嘉末用人，且以宗法血緣爲親任標準，非皇室成

〔註1〕相關論點參看汪奎〈劉劭之亂與劉宋政局〉頁82～86、魯力〈宗王出鎮與劉宋政局〉頁124～128。

員如欲重之，並連姻以視厚任。透過血緣與姻親的紐帶，連繫起親皇權的政治人際網絡。唯於元嘉十一年至十九年間（434～442）文帝病情不一，加之宗室親王攬權過甚，徒增皇位繼承權之不安，亦予有心人可趁之機。經歷劉湛等人謀立義康，沈曈、孔熙先與謝綜等人再圖謀反的失敗，除給予反文帝政權的士族沉重打擊外，亦改變文帝於此前任人用事的作風。見二十四年（447）胡誕世等人欲奉戴義康失敗後，至元嘉二十八（451）年北伐失利誅義康一事：

> 索虜來寇瓜步，天下擾動。上慮異志者或奉義康為亂……二十八年
> 正月，遣中書舍人嚴龍齎藥賜死。〔註2〕

義康死後，具異志者頓時失去擁奉對象，加諸當時政局已非昔日，政界均衡之勢已破，文帝一改過往調和用人作風，既以後事為念，故拔擢近信，親樹朝中黨羽又加東宮軍力。實朝中政事唯文帝親黨獨大局面，宗室姻戚又外掌地方，且藉多重政治背景的王僧綽選任親帝系高門士族可用之才。處如此情勢下，高門士族即得為文帝所選用，而文帝親黨又身居權要，反對政治勢力實無見縫插針之機會。

那麼可否將徐湛之、江湛等朋黨與東宮太子的衝突，看作高門士族與皇權之衝突呢？見湛之出身：

> 徐湛之字孝源，東海郯人。司徒羨之兄孫，吳郡太守佩之弟子也。
> 〔註3〕

按前章王華且論羨之為「中才寒士」。〔註4〕將湛之勸文帝立儲一事，視為高門士族爭奪皇權之推論，實有疑慮。又見文帝欲廢劭立儲一事：

> 會二兇巫蠱事泄，上獨先召僧綽具言之。及將廢立……湛之欲立隨
> 王誕，江湛欲立南平王鑠，太祖欲立建平王宏，議久不決。誕妃既
> 湛之女，鑠妃即湛妹。太祖謂僧綽曰：「諸人各為身計，便無與國家
> 同憂者。」僧綽曰：「建立之事，仰由聖懷。臣謂唯宜速斷，不可稽
> 緩。當斷不斷，反受其亂。願以義割恩，略小不忍，不爾便應坦懷
> 如初，無須疑論……不可使難生慮表，取笑千載。」上曰：「卿可謂
> 能斷大事，此事重，不可不殷勤三思。且庶人始亡，人將謂我無復

〔註2〕 《宋書》卷68〈武二王義康傳〉，頁1796～1797。
〔註3〕 《宋書》卷71〈徐湛之傳〉，頁1843。
〔註4〕 《宋書》卷63〈王華傳〉，頁1676。

慈愛之道。」僧綽曰：「臣恐千載之後，言陛下唯能裁弟，不能裁兒。」
上默然。〔註5〕

由此看來，江、徐等人推立儲選，實爲個人身計打算。反觀僧綽回應文帝之
言，卻有幾分神似當時高門士族於政界之處境。〔註6〕居高思危，又身託文帝
重任，故言當斷不斷，反受其亂，不爾則應坦懷如初。僧綽話說的其實並非
直切。實際上，誰獲儲位與之無關，但立儲大事遲疑不決，受亂則恐禍遷至
己。後論立儲輕重緩急乃是出於文帝親任，自當爲其謀劃。固然文帝猶豫不
決的是，如輕易改廢立儲，無疑直接打破義康死後重建的穩固政局，其煞費
苦心培植來鞏固皇權以保身後事的東宮勢力，亦變得毫無意義。由此可見，
太子劭篡弒絕非士族與皇權的爭鬥可概括解釋，雖見於時官場可謂膏粱、華
腴分居上位，高門士族尚擇官，品其清濁，爲官竟亦小姓、寒族不可，此唯
能看作政界人物之社會背景與官場文化，萬不可將之混淆附會。本文無意操
斧于班、郢之門，再探南朝士族形成與轉遷之過程，唯可知江、徐等人社會
背景，非肇造其與東宮黨徒衝突之主因。且觀元凶臨刑前歎曰：「不圖宗室一
至於此。」〔註7〕又見劭妻殷氏行刑前與廷尉所言：

> 劭妻殷氏賜死於廷尉，臨死，謂獄丞江恪曰：「汝家骨肉相殘害，何
> 以枉殺天下無罪人。」〔註8〕

觀劭與其妻殷氏的一席話，元凶政變奪權裏的一幕幕血腥弒戮，乃爲宗室骨
肉間自相殘害，再再述出太子劭構逆之本質，實肇起於皇室內部之權力爭奪。

按上述所言，元嘉末的政局紛爭，高門士族與皇權的角力爭奪，當非東
宮太子黨人篡弒主因。本文嘗試將元嘉二十七年（450）北伐前後文帝朝政治

〔註5〕《宋書》卷71〈王僧綽傳〉，頁1851。

〔註6〕相關論點參看毛漢光《中古社會史論》〈中古大士族之個案研究——瑯琊王
氏〉，頁386～392（臺北：聯經出版，1988）。毛氏將士族政治行爲分爲積極
型、因循型，與無爲型三類，歸類僧綽爲因循型政治人物，而因循政治路線
在南朝，遂成王氏爲保持家族生存與地位之作風。周一良《魏晉南北朝史論
集續編》〈魏晉南北朝史學與王朝禪代〉，頁106～115（北京：北京大學，1991）。
唐長孺《魏晉南北朝史論拾遺》〈魏晉南北朝的君父先後論〉，頁248～249。
陳國琳《魏晉南北朝政治制度研究》〈南朝：中樞制度的演變〉，頁77～79。《宋
書》卷71〈王僧綽傳〉，頁1850。內文曰：「元嘉末，太祖頗以後事爲念，以
其年少……朝政小大，皆與焉。從兄微，清介士也，懼其太盛，勸令損抑。
僧綽乃求吳郡及廣州，上並不許。」

〔註7〕《宋書》卷99〈二凶傳〉，頁2439。

〔註8〕同上註。

勢力與黨派作劃分，並作元嘉末文帝朝中主要政治勢力圖表（表 3－1）：

表 3－1：元嘉末文帝朝中主要政治勢力表

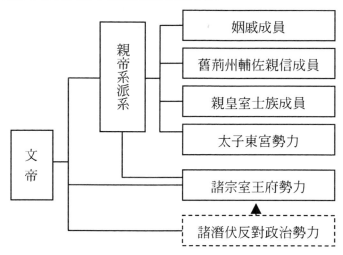

觀元嘉末文帝朝中勢力派系，於文帝任人重血緣與姻聘的情況下，可見親帝系成員多數並具雙重政治背景，如王僧綽即為姻戚，且具文帝舊時荊州輔佐親信二代與高門士族之政治背景。因此，不可斷依「湛之欲立隨王誕，江湛欲立南平王鑠」﹝註9﹞將誕、鑠與江、徐兩人視為朋黨。﹝註10﹞這裏並舉數例論證之，劭即偽位後，殺江、徐等人黨徒，並誅懷宿恨的長沙王瑾、臨川王燁等，又書示沈慶之除孝武於軍陣，卻任鑠為中軍將軍、護軍，以誕為司隸校尉。由劭行事作風論之，如鑠、誕等人已與江、徐互結朋黨、各樹朝中黨派，自當難容於劭政權。另二十八年鑠授散騎常侍、撫軍將軍，領兵鎮守石頭。蕭斌二十七年坐滑臺免官，復起南平王鑠右軍長史，應為東宮所安排，又王羅漢先為南平王鑠右軍參軍，劭厚待且以兵事委之。東宮之親信任用兼與鑠王府相關，故本文且認為鑠並未與江、徐等人糾結黨羽自成派系，至少鑠與東宮非處於敵對狀態。又徐湛之為武帝外孫，會稽長公主子。誕妃則為江湛之女，長子偲則尚文帝第九女淮陽長公主，劭長子偉之並娉湛第三女。王僧綽則尚太祖長女東陽獻公主。觀文帝詢問湛之等廢改儲位，更像是自家人關門論儲，當然這無疑呈

﹝註 9﹞《宋書》卷 71〈王僧綽傳〉，頁 1851。
﹝註10﹞汪奎〈劉劭之亂與劉宋政局〉一文將元嘉末朝中分為東宮太子集團、誕與湛之、鑠與江湛、文帝與王僧綽等四個主要政治勢力，本文認為尚有議論之處。

現文帝透過血緣聯姻等策略，苦心培植親帝系勢力掌控朝野的碩果。〔註11〕見本文所作文帝朝親信任用關係圖（圖3－1）：

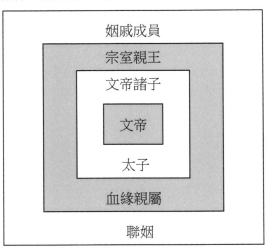

圖3－1：文帝朝親信任用關係圖

透過圖表可知，於文帝任用親信人才，唯用血緣區分親疏，藉由聯姻將各社會背景人物拉入親帝系政治勢力中，由內向外，層層構築皇朝權力核心。正如孔熙先所論，既欲見待厚，自當娉之，反則於文帝朝眾人視之，實爲犬豕耳！於每一時期文帝親信任用上，則又有異同親疏升降之勢，大致上在元嘉三年除徐羨之、謝晦與傅亮後，因諸子年歲尚幼，故宗室親王、舊時荊州輔佐幕僚於朝中較獲親任。至義康宰輔勢力倒臺後，文帝慮諸宗王獨攬朝權結黨營私，漸次親任姻親，又因長年臥病，爲謀身後事，遂屢加東宮羽林軍事力量。故元嘉二十七年前後，江、徐兩人以姻戚身份進入文帝一朝決策核心，俱領禁軍，同東宮太子勢力，共爲鞏固皇權的屏障。

元嘉二十八年至太子劉劭篡弒奪位（451～453）的時間裏，朝中除可能潛在的反對勢力外，遂剩文帝親黨派系成員掌控朝政之局勢。江、徐二人既爲文帝親任並居權要，亦可能交結朋屬，嘗試自結親黨，其下由是匯聚始興內史荀赤松、尚書左丞臧凝之、山陰令傅僧佑、吳令江徽、征北行參軍諸葛詡、右衛司馬江文綱等同黨。〔註12〕只是這個由文帝親黨主要成

〔註11〕　前引陳國琳〈南朝：中樞制度的演變〉，頁66～67。陳氏並以江、徐與增緯論儲之事，說明元嘉年間宿衛軍長官進入決策中樞，乃此一時期中樞制度之特點。

〔註12〕　《宋書》卷99〈二凶傳〉，頁2428。

員所組成的下轄官僚派系，尚未劃分成型，即遭太子東宮黨徒盡除。故於政界仍可見江湛、王僧綽等人互為兄弟相稱。除江、徐兩人於推薦立儲人選異同外，尚未發生派系內部成員爭奪權力與政治意見相左的情況。如此可應證，於時朝中江、徐個人培植之勢力方處雛形階段，各黨人亦尚未私自結派另成支系。

　　另觀太子東宮勢力則在文帝有心培植，又劭意所欲，上必從之的情況下，除文帝安插配屬東宮建制的僚佐，與政治上交結倚附東宮之人物外，另匯聚一批隨太子喜好任用之黨徒，如張超之、聞人文子、徐興祖、詹熟兒、陳叔兒、任建之等。〔註13〕又見劭謀反前夕召蕭斌、袁淑、殷仲素與王正見等可知，諸人當於各異的政治局勢下，依附交結東宮勢力。〔註14〕另始興王濬則可能因元太后與其母內宮爭寵一事，遂交結討好太子劭，互為朋黨。〔註15〕

　　總結上述，文帝於元嘉初始安插親帝室的高門士族、姻戚將門做為東宮府僚，但隨著劉湛、范曄等先後謀擁義康窺視皇權，遂陸續加重東宮於京城之軍事力量，以防反對勢力陰奪竊佔皇權之可能，而太子東宮勢力於政治上的影響力亦隨之提升。東宮勢力在文帝有心培植下，且隨劭意選用人材，漸次形成一股兼具軍事力量的政治集團。太子周圍匯聚了社會各階層人物，黨徒身份固然龍蛇混雜，但太子東宮集團與文帝親黨派系，初始俱為文帝用來鞏固皇權，並利於身後皇位繼承之用。元嘉末，江、徐兩人以姻戚身份，且為文帝親信任用的情況下，遂於朝中相結朋屬。隨著江、徐等人打入文帝朝權力核心，並掌握朝中實權的情況下，太子東宮集團遂和兩人朋黨產生親帝系派系內部的相斥衝突。

第二節　論巫蠱事件眞偽

一、文本裏的元凶巫蠱篡弒論述

　　太子劭弒帝奪權是事實，即是本亦是末，乃劭、濬兩人為首政治集團為

〔註13〕《宋書》卷99〈二凶傳〉，頁2426。
〔註14〕同上註。
〔註15〕同上註，頁2436。

了取得政權的結果，也是張武陵王駿與諸方鎮舉義軍之本。後者，史書裏確實詳載了武陵王舉義軍到稱帝的過程；然而劭、濬兩人爲何會採用弒父奪位這等激進手法來謀奪皇位，顯然從現存史書載記中難以看得全貌。但於今存史書文本中尚可歸結到的原點，一是啓始於巫蠱詛術：

> 上時務在本業，勸課耕桑，使宮內皆蠶，欲以諷勵天下。有女巫嚴
> 道育……劭姐東陽公主應閤婢王鸚鵡白公主云：「道育通靈有異
> 術。」……道育既入，自言服食，主及劭並信惑之。始興王濬素佞
> 事劭，與劭並多過失，慮上知，使道育祈請，欲令過不上聞。……
> 後逐爲巫蠱，以玉人爲上形像，埋於含章殿前。〔註16〕

因文帝勸課耕桑，藉此諷勵天下，反而讓太子劭透過東陽公主結識女巫嚴道育，從而戲劇性的爲了掩飾過失，冀以用巫術隱瞞，最後竟採用具有「儀式制裁」意味的巫蠱。〔註17〕另見武陵王駿起義檄文也可得肇事起因於巫蠱：

> 賊劭乘藉冢嫡，夙蒙寵樹，正位東朝，禮絕君后，凶慢之情，發於
> 齠亂，猜忍之心，成與幾立。賊濬險踔無行，自幼而長，交相倚附，
> 共逞姦回。先旨以王室不造，家難亟結，故含蔽容隱，不彰其釁，
> 訓誘啓告，冀能革音。何悟狂悪不悛，同惡相濟，肇亂巫蠱，終行
> 弒逆。〔註18〕

即肇亂於巫蠱，如前所言，劭濬兩人都因過失而冀望以巫術來隱蔽，後終行弒逆。檄文並講明劭、濬兩人「自幼而長，交相倚附」。然而，在痛罵控訴兩位兄長之餘，仍未指出兩人並多過失的過失爲何？觀濬於元嘉十三年（436）封爲始興王，十六年則都督湘州諸軍事、後將軍、湘州刺史，後遷爲都督南豫豫司雍并五州軍事、南豫州刺史。二十三年給鼓吹一部，可看出文帝對其重視與疼愛，至少在元嘉二十三年時仍被受尊寵禮遇。〔註19〕

〔註16〕《宋書》卷99〈二凶傳〉頁2424。

〔註17〕參看林富士《漢代的巫者》頁74～76（臺北：稻鄉出版，1988）。「巫蠱」在漢代不外祠祭、祝詛和埋偶人，其核心成份還是咒術的使用，對使用對象採取一種具有儀式制裁的意味；據此可知劭遣道育從事巫詛當不脫漢代時期之意義。

〔註18〕《宋書》卷99〈二凶傳〉頁2429。

〔註19〕參看劉懷榮〈漢魏以來北方鼓吹樂橫吹樂及其南傳考論〉《中國武漢音樂學院學報》第1期，頁73（2009）。鼓吹曲的主奏樂器，主要用於朝會，也會用來給賜。給賜對象有受封的諸國君王，歸復的異國君主、朝中大臣；而受賜鼓吹則是一種榮譽的象徵。

文帝喜愛濬自因母潘淑妃受寵。本身又姿質端妍，少就愛好文籍的關係，使其跟建平王宏、侍中王僧綽、中書侍郎蔡興宗文義往復。再看劭與濬之間互動，按《宋書》所言：

> 初，元皇后性忌，以潘氏見幸，遂恚恨致崩，故劭深疾潘氏及濬。
> 濬慮將來受禍，乃曲意事劭，劭與遂善。多有過失，屢爲上所詰讓，
> 憂懼，乃與劭共爲巫蠱。〔註20〕

《通鑑》雖參取正史說法，唯考異則對濬是否爲潘氏所生打了個問號。〔註21〕先無論濬是否爲潘淑妃子，不管濬心裡附不附淑妃。顯然，劭在京城所擁有的政治軍事影響力跟潘淑妃在宮中勢力評比上，身爲二皇子的濬，選擇於政治表態當中與太子靠攏。又孝武檄文言他倆關係「自幼而長，交相倚附」，兩人感情自當不差，當非「劭深疾潘氏及濬，濬慮將來受禍，乃曲意事劭，劭與遂善。」這一單純因素，而使法理上第二皇位繼承人甘心追隨於東宮之下。

從兩人在巫蠱事發之前經歷與相互之間的關係，並無任何重大失言或是罪狀，以及兩人在事發之前仍被受尊寵，更難推斷爲何要行巫蠱詛術，先以掩罪，後欲上崩。再者，劭自幼好讀史博，豈不知漢武帝征和年間（91～88 BC）所發生的巫蠱之禍，於太子宮中掘出的桐木人，使當時皇城陷於一片混亂。這次事件更涉及到皇后、太子、丞相等不同層級，太子也因此敗亡。〔註22〕今劭埋玉人於含章殿之巫蠱手法、巫蠱意義與漢時認知如出一轍，嚴重性可說是一目瞭然；劭身處東宮復無謀士使其通曉，甚可怪矣。

進而筆者推論，如非劭不明事態嚴重，必有其他更重大的原因使其斷然使用「巫蠱」這霹靂手段。〔註23〕今史書詳細載記劭、濬兩人行巫蠱弒逆，

〔註20〕《宋書》卷99〈二凶傳〉頁2436。

〔註21〕《通鑑》卷126宋文帝元嘉二十九年（452），頁3976，考異曰：太子劭傳云：「濬母卒，使潘淑妃養之。」濬傳及文九王傳，皆云濬實潘子。《南史》亦云「淑妃養爲子，淑妃愛濬，濬心不附。」

〔註22〕相關「巫蠱之禍」研究，參看蒲慕洲〈巫蠱之禍的政治意義〉《中央研究院歷史語言研究所集刊》，卷57第3期，頁511～538（1986）。張小鋒〈巫蠱之禍與武帝晚年政局〉《西漢中後期政局演變探微》，頁9～22（天津：天津古籍出版，2007）。

〔註23〕參看王玉德主編，高華平、曹海東著《中華巫術》，頁85～87（臺北：文津出版，1995）。書中除論及巫蠱在古代中國的兩大特點，並認爲於古代中國使用巫蠱具有極大的風險。

無其它史料足以推翻分辨事件眞僞。倘若事件不假，必然不是謀逆主因，只可看作另一促其事成的手法，最終手段是起兵入宮弒帝。如事件並不單純，今已不可解，那正如檄文所言「肇亂巫蠱，終行弒逆」，因爲有了巫蠱事件發生，而在當時社會行巫蠱害人者，必當見誅，牽連即廣，又可見於史書裏的前車之鑑。以劭從幼至長被受尊寵，厚植下來的政治影響力，又領有羽林、東宮兵的軍事力量，自當不會坐以待斃，取而代之當是東宮同惡唯一能謀求的出路。

　　據上推論，本文試圖反證之。由反證過程並可發現史書文本載記劭行巫蠱一事，顯然在論述上早已預設立場。見劭行巫蠱時參與預謀者有東陽公主奴陳天興，天興養母王鸚鵡與黃門慶國等，而東宮更用天興爲隊主。〔註24〕較爲離奇的是，當東陽公主卒時，劭慮及巫蠱事洩，與濬參討之後，便將鸚鵡受與「見待異常」的濬府幕僚沈懷遠爲妾。文帝本未知，因臨賀公主微言說出，後又見劭任天興爲領隊，乃遣閹人奚承祖詰讓於劭：

　　臨賀公主南第先有一下人欲嫁，又聞此下人養他人奴爲兒，而汝用爲隊主，抽拔何乃速。汝間用主、副，並是奴邪？欲嫁置何處？

〔註25〕

面對文帝質問，東宮也有一番解釋來應對：

　　劭答曰：「南第昔屬天興，求將驅使，臣答曰：『伍那可得，若能擊賊者，可入隊。』當時蓋戲言耳……後天興道上通辭乞位，追存往爲者，不忍食言……脫爾使監禮兼隊副……謹條牒人名上呈。下人欲嫁者，猶未有處。」〔註26〕

此間對答，看似合情合理，但文帝何以連東宮任用隊主無啓報，還需派宮內閹人質問，一下人欲嫁爲濬府幕僚妾侍，更驚動皇帝與太子間的關係？於回答文帝時，鸚鵡已嫁懷遠，劭更因此心懷憂懼，除了馳書告濬，並通報臨賀公主。爲何王鸚鵡欲嫁懷遠，太子會隱瞞實情，與濬商討如何處理，和臨賀公主串供？而《宋書》即言「不以啓上，慮後事泄，因臨賀公主微言之。」對劭而言，誠然如史書所述懼怕巫蠱事發，那應將巫蠱行爲視爲機密來警愼處理，果眞如此，臨賀公主又豈能知內情？下人嫁爲妾與東宮任用一奴爲隊

〔註24〕《宋書》卷99〈二凶傳〉頁2424。
〔註25〕同上註。
〔註26〕同上註，頁2424～2425。

主當是稀鬆平常，又何來理由驚動聖上？換句話說，如非文帝本已察覺劭、濬之不軌行為，早已對東宮一舉一動心存疑慮，甚至於下人任用都會牽動彼此潛伏的緊張關係，連臨賀公主也並知，故微言於上，文帝因而質問於東宮。且見《宋書‧二凶傳》後又曰：

> 鸚鵡既適懷遠，慮與天興私通事泄，請劭殺之。劭使人害天興。慶國謂宣傳往來，唯有二人，天興既死，慮將見及，乃具以其事白上。
>
> 上驚惋，即遣收鸚鵡，封籍其家，得劭、濬數百紙，皆咒詛巫蠱之言，得所埋上形像於宮內。〔註27〕

據此可知，文帝當是在東宮同黨自亂陣腳之後，因慶國密告方得知有巫蠱之事。《宋書》內文不僅事件實情頭尾交代存有疑問，其文內容早已預設太子劭立場，鋪陳為太子與東宮黨人（諸下人、奴僕與巫者）共事巫蠱，於安排下人出路時竟被文帝發覺，劭懼怕之餘，尚與同黨濬預謀，更欲串供，後因參與巫蠱的東宮黨徒自相反目，逐讓事洩。看似合情合理的論述，卻因時序顛倒露出馬腳。若然在此之前，文帝與劭之關係非已生變，則文帝對劭起疑心，當是於慶國具以其事白上後，進而應證筆者所推論。

二、論巫蠱於政治上作用

按本節前述，元凶行巫蠱一事，是篡弒導因，或為其成事手法，實有議論空間。且從巫蠱之作用觀之，今人固然對六朝巫覡已有相當程度的研究，巫術於中國傳統社會的影響大致上也已有初步瞭解。〔註28〕但在論巫術的本質與手法時，往往不出應用在醫療、個人祈福等，「巫蠱」則是其中帶有制裁意義的巫術儀式。〔註29〕於中國古代社會各階層裏，「巫蠱」做為一符號，它代表的不僅僅是自身為求體康平安的宗教行為，也帶有祝詛特定人物的意味，甚至做為擁眾反叛當朝的號召。竟而不管主事者社會位階，且行巫蠱必不見容於政權當局。

〔註27〕 《宋書》卷 99〈二凶傳〉頁 2424～2425。

〔註28〕 巫蠱相關研究較早期有李卉〈說蠱毒與巫術〉《中央研究院民族學研究所集刊》第 9 期（1960）。相關六朝巫術研究參看林富士《中國中古時期的宗教與醫療》（臺北：聯經出版，2008）。

〔註29〕 參看林富士《小歷史——歷史的邊陲》〈中國巫術與中國社會〉，頁 3～13（臺北：三民出版，2000）。

如從政治文化史的觀點視之，由可見另一「巫蠱」義涵與作用。且視燕吳王慕容垂之事：

> 燕吳王垂娶段末柸女……不尊事可足渾后，可足渾氏銜之。燕主儁素不快於垂，中常侍涅皓因希旨告段氏及吳國黥書令遼東高弼爲巫蠱，欲以連汙垂，儁收段氏及弼下大長秋……垂愍之，私使謂段氏曰：「人生會當一死，何堪楚毒如此，不若引服。」段氏嘆曰：「吾豈愛死者耶！若自誣以惡逆，上辱祖宗，下累於王，固不爲也！」辯答益明；故垂得免禍，而段氏竟死於獄中。〔註30〕

另爲南朝宋諸民投書竟陵王誕：

> 吳郡民劉成又詣闕上書，告誕謀反，稱：「息道龍昔伏事誕，親見姦狀。又見誕在石頭城內，修乘輿法物，習倡警蹕。道龍私獨憂懼……誕怒鞭殺堅，又補殺道龍。」又豫章民陳談之上書訴枉，稱：「弟詠之昔蒙誕采錄……詠之恒見誕與左右小人莊慶、傅元祀潛圖姦逆，言詞醜悖，每云：『天下方是我家有，汝等不憂不富貴。』又常疏陛下年紀姓諱，往巫鄭師憐家祝詛。詠之既聞此語……恐一但事發，橫罹其罪，密以告建康右尉黃宣達……元祀弟知詠之與宣達來往……即具以告誕……遂被害。自顧冤枉，事有可哀。」〔註31〕

孝武乃根據陳文紹、劉成與陳談之所上書使有司奏誕，不審而密謀誅誕，事敗後，最終仍動用沈慶之出兵討伐。〔註32〕縱觀兩例可知，垂、誕皆位高權重手握兵權，又並爲人主所疾。〔註33〕兩人即無具體罪過且功高震主，唯行祝詛、巫蠱誣陷之。而「巫蠱」即不見容於社會，一旦抹上正如段氏所言「吾豈愛死者耶！若自誣以惡逆，上辱祖宗，下累於王，固不爲也！」當是認了祝詛巫蠱必牽連族屬無一倖免，唯以死明志。至是，「巫蠱」不僅淪爲在政治上勢均力敵的兩黨誣陷對手之工具，人主更可因臣行巫蠱冠以莫須有罪名。而「巫蠱」於上兩例可視爲中國古代另一政治抹黑手法，由社會觀感到讓被誣者百口莫辯，即高超且一擊必殺。即冠以行「巫蠱」之名，無論眞實與否，

〔註30〕《通鑑》卷100晉穆帝升平二年（358～359），頁3172～3173。
〔註31〕《宋書》卷79〈竟陵王誕傳〉頁2027～2028。
〔註32〕同上註，頁2031。
〔註33〕誕先有討元凶之功，後又助孝武平上流義宣之亂。另觀儁先因覬欲立垂爲世子，由是惡垂，後垂鎮龍城，大得東北之和，儁愈是惡之；垂則前有征石趙，後有破敕勒之功。

被誣者下場自當難逃死劫,未見誅者往往只剩逃離出奔與舉親黨反叛。顯見垂例,乃儁藉可足渾氏與段氏之不合,欲打壓之,尚無誅垂意,事遂止於段氏本身。〔註34〕然而,孝武則早早計劃好誅誕,豈又會審事真假予誕自清之理。

巫蠱作為誣詆政敵的手法在漢代並有發生過。〔註35〕事實上,巫蠱在政治上衍生出如此作用,則有賴於巫術在社會風俗上的普遍性。換句話說,在六朝普遍盛行從事巫蠱、祝詛來害人,即為一種社會現象,在普世並知巫蠱、祝詛所帶來的作用下,遂而演變為社會高層藉此來攻訐政敵的手法。

於論證的過程裏,可清楚得知「巫蠱」當非劭、濬兩人入弒主因,或可說是一促其事成手法矣!本文以為此議題仍有議論空間,且待新史料的出土與發現,供先學後進更深入的研究。然而就今日現有文本觀之,將「巫蠱」視為弒逆主因,則再再體現史書裏承載著孝武政權之正統論述;即藉由建構敵對陣營負面形像,以取得當朝政權的合法性與正當性。

第三節　論元凶篡弒主因

一、北伐與元凶篡弒關聯性

前節已論史書文本所述元凶弒帝奪位之動機——巫蠱詛術。並得元凶黨徒篡弒實非高門士族與皇權的角力爭鬥,系屬皇室成員內部權力之爭奪。而太子行巫蠱詛術唯可看作其弒帝奪權之手法。那究竟是何主因,讓東宮太子黨徒甘願冒著極大的風險,做出弒帝奪位的舉動呢?於史書載記觀之,又可析一元凶篡弒之原由,即是元嘉二十七年(450)的北伐。先是時任太子步兵校尉沈慶之勸諫文帝北伐,文帝使徐湛之、江湛難之;太子劭與護軍將軍蕭思話亦諫,上皆不從。文帝執意的北伐卻落得慘敗收場,當魏主至瓜步揚言渡江時,憂慚之情更溢於言表,可見於史書:

〔註34〕《通鑑》卷100晉穆帝升平二年(359),頁3177。燕王儁寢疾……召吳王垂還鄴。又《通鑑》卷99晉穆帝永和九年(353~354),頁3137。燕衛將軍恪、撫軍將軍軍、左將軍彪等屢薦給事黃門侍郎霸有命世之才,宜總大任。恪乃儁託孤重臣,後每見其薦垂於儁、暐,兄弟之情當甚好。由儁之才,蓋無誅垂以致上下離心之理。後召垂還鄴,並可知其無誅垂意。

〔註35〕相關事例論點參看林富士《漢代的巫者》,頁71~80。

> 上登石頭城，有憂色，謂江湛曰：「北伐之計，同議者少。今日士民
> 勞怨，不得無慚，貽大夫之憂，予之過也。」〔註36〕

胡三省則認爲北伐之計唯江、徐兩人贊之，見文帝遣田奇至魏主處請和，田
奇還朝傳魏主求婚之意時，江、徐兩人與太子劭之間緊張氣氛。《宋書》裏敘
述此次議論如下：

> 上召太子劭以下集議，眾並謂宜許，湛曰：「戎狄無信，許之無益。」
> 劭怒，謂湛曰：「今三王在阸，詎宜苟執異議。」聲色甚厲。坐散俱
> 出，劭使班劍及左右推之，殆將側倒。〔註37〕

文帝召劭與羣臣議論處理魏宋和議，在席間劭聲色甚厲的排除江湛之意，反
觀湛面對劭班劍及左右威嚇推阻時，顯然手足無措。足見劭於此時，在政治
上擁有強大的發言權。後遣左右所做出的蠻橫行徑，更可知劭無懼於文帝所
親信江、徐兩人，或可看作身爲太子的劉劭與文帝關係仍未生變，自然敢於
表露意見展現性情。劭怒氣猶未消，更進言殺江、徐兩人：

> 劭又謂上曰：「北伐敗辱，數州淪破，獨有斬江湛可以謝天下。」上
> 曰：「北伐自是我意，江湛但不異耳。」劭後燕集，未嘗命湛。常謂
> 上曰：「江湛佞人，不宜親也。」上乃爲劭長子偉之娉湛第三女，欲
> 與和之。〔註38〕

文帝將北伐之意歸爲己見，宛轉拒絕劭之建言，並試圖化解兩人衝突。《宋
書》獨指劭與江湛紛爭，尚未言及徐湛之；而《通鑑》則認爲此番衝突，
劭之進言除斬江湛外，並加徐湛之在內。〔註39〕文帝有心護著江、徐兩人，
更讓太子與江、徐不和，胡三省並曰：「史言劭於此時已有弑逆之心。」〔註
40〕總的來說，本來在政治上無法與太子匹敵的徐湛之、江湛兩人，有了文
帝的支撐，自然一改之前態勢，這一層政治敏感度當是江、徐兩人和身爲
太子的劭所知曉的。文帝這種兩邊摸頭錯歸於己的作法，顯然並未化解劭
與江、徐兩人的衝突。而後於研論廢立之事時，可知江、徐兩人各有立儲
所屬以建言於文帝：

〔註36〕《通鑑》卷125宋文帝元嘉二十七年（450），頁3960。
〔註37〕《宋書》卷71〈江湛傳〉，頁1849。
〔註38〕同上註。
〔註39〕《通鑑》卷125宋文帝元嘉二十七年（450），頁3961。
〔註40〕同上註。

上欲廢劭，賜濬死。而世祖不見寵，故累出外蕃，不得停京輦。南平王鑠、建平王宏並為上所愛，而鑠妃即湛妹，勸上立之。〔註41〕

又見《通鑑》：

武陵王駿素無寵，故屢出外藩，不得留建康；南平王鑠、建平王宏皆為帝所愛。鑠妃，江湛之妹；隨王誕妃，徐湛之之女也；湛勸帝立鑠，湛之意欲立誕。〔註42〕

據《宋書》與《通鑑》所言可知，兩人不僅先前和劭在北伐戰事和議上出現紛爭，更在廢立太子時提供立儲人選給文帝。劭之東宮政治集團當與江、徐兩人視如水火。前有舊恨後有新仇，讓劭在入弒文帝後，除了誅除兩人之外，更盡殺江、徐親信黨羽，這裏清楚得知劭與江、徐兩人不同的政治立場。江、徐兩人，除了本身在當朝影響力外，應當也糾結黨羽施壓於東宮，致使劭在入弒後，首要便是先除去兩人在朝親黨以利新政權的穩定與建立。〔註43〕

史書裏俱言入弒主因，已預設「巫蠱事發」，即而有廢立之事，遂演變為太子東宮黨徒入宮弒帝，欲取而代之。巫蠱為原由前已論及，後由本文所歸結二十七年北伐失利，劭與文帝親信的江、徐結惡，應當也是劭與文帝關係由好轉壞的關鍵點。與兩人不和後，遂有巫蠱事件的發生，是否江、徐兩人在此前已糾結黨羽在政治上施壓於東宮，今史書無明言，但從參與改立儲位的議論和弒逆之後兩人的下場，都可看出兩人與劭相左的政治立場。〔註44〕而太子於弒帝奪位後首要即是誅除江、徐之親黨，顯然兩人所親信黨人，當與太子所領東宮集團處於緊張關係下。江、徐甚或在最後立儲決定上，影響到文帝的決擇，使劭之地位不保。故劭於篡弒前夕相告參與謀事眾人：

元凶將為弒逆……呼淑及蕭斌等流涕謂曰：「主上信讒，將見罪廢。內省無過，不能受枉。明旦便當行大事，望相與戮力。」〔註45〕

〔註41〕《宋書》卷71〈徐湛之傳〉，頁1848。
〔註42〕《通鑑》卷127宋文帝元嘉三十年（453），頁3987。
〔註43〕《宋書》卷60〈荀伯子附子赤松傳〉，頁1629。子赤松，為尚書左丞，以徐湛之黨，為元兇所殺。又見《通鑑》卷127宋文帝元嘉三十年（453），頁3991。乙丑……殺江、徐親黨尚書左丞荀赤松、右丞臧凝之等。
〔註44〕《宋書》卷71〈徐湛之傳〉與〈江湛傳〉，頁1843～1850。
〔註45〕《宋書》卷70〈袁淑傳〉，頁1839。

文帝聽信讒言，當是相信與劭政治立場對立的論述，已至改易東宮的生死存亡關頭，因這層巨大壓力，遂劭亦然行事，無形透露出在史書中無法見得的另一面向，間接說明了太子劭弒帝不僅單純巫蠱作亂而生。從元嘉二十七年至三十年，當是文帝與太子關係由親密轉淡薄的關鍵時段。政治體系的運作，至使已偏離文帝政權核心的東宮集團，形同走在鋼索上，故而文帝採納江、徐之意見將行見廢，較為可能是劭弒逆主因。

二、政局演變與元凶篡弒

於論述劭篡弒主因後，可知元嘉二十七年北伐後至三十年（450～453）期間，為東宮黨人決議篡弒奪位的關鍵時段，從時間段限內試圖歸類其他可能引發元凶篡弒之導因，可析出一為太子對文帝任用親屬親疏觀念之落差，使文帝與東宮黨人矛盾加深。於元嘉二十八年與北魏和議一事可見，劭既言：「今三王在阽，詎宜苟執異議。」〔註46〕按太子所設想，身為宗室的義恭、駿與鑠，文帝應當更重視與親信之。熟料元嘉末，文帝朝政俱委江、徐與王僧綽諸人，寵任姻戚明顯多過宗室，終至東宮與文帝親黨的衝突間，在文帝欲保全江、徐二人的情況下，徒增劭之反感，於上下猜疑之際，遂使太子東宮集團漸次偏離文帝一朝之核心。

實際視劭、濬兩人於篡弒前，多對文帝親屬調度任用抱持不滿，極可能導因於義康死後，重新變動的政局，讓二人倍感疏離，如濬求鎮一事：

> 盧陵王紹以疾患解揚州，時江夏王義恭外鎮，濬謂州任自然歸己，而上以授南譙王義宣，意甚不悅。乃因員外散騎侍郎徐爰求鎮江陵，又求助於尚書僕射徐湛之。而尚書令何尚之等咸謂濬太子次弟，不宜遠出。上以上流之重，宜有至親，故以授濬。〔註47〕

濬不滿，自是在其認知裏，若論政治地位或與文帝的親疏關係上，理當輪己出鎮揚州，文帝卻反調荊州義宣回鎮。又觀元嘉二十九年紹疾患解職，巫蠱事發前，濬身為二皇子並與東宮過從甚密，母潘淑妃有盛寵，且專總內政，何不透過淑妃傳其意，或直接詢求於君父，卻求助於湛之？濬之舉頗為尋味，莫非於巫蠱事發前，濬等人與上之關係已有嫌隙？如此推測或為武斷，但足證湛之等人於朝中權勢，濬欲出鎮且須求助於徐湛之。而尚

〔註46〕《宋書》卷71〈江湛傳〉，頁1849。
〔註47〕《宋書》卷99〈二凶傳〉，頁2436。

之此前俱與政事委以湛之，對濬出鎮持有異議的，實可能爲湛之尚書省內諸黨人。也難怪濬會在劭弑帝後第一時間勸殺尚書左丞荀赤松等徐湛之黨人。〔註 48〕

觀濬之舉措甚爲明確，「上每有疾，湛之輒入侍醫藥。」〔註 49〕今時湛之權勢有如昔日義康，唯湛之既非皇室同宗，較無窺視皇權與奪嫡之可能，實免文帝心頭之慮。又巫蠱事發後，文帝常與湛之屏人共言論，或連日累夕，每夜常使湛之自秉燭，繞壁檢行，慮有竊聽者，湛之獲上親密程度竟至如此。旁人既無法揣得文帝想法，湛之實爲傳達上意之作手，求湛之即是表意於文帝，湛之等人持相異看法，自然會被濬視爲上意。雖文帝曉以「上流之重，宜有至親，故以授濬。」〔註 50〕但過度依賴親信江、徐等人，非但無法令劭、濬抱持「尊尊」之態度，懷感激之意，甚使二凶萌生篡弑之意圖。

　　另一可能迫使太子東宮黨人篡弑的導因，爲巫蠱事發後，文帝親信黨人與東宮黨徒爭鬥日漸激烈，朝中政局更令文帝困惑，雖廢立難決，唯太子東宮黨人見昔日義康事，上既裁之於未萌，故不自安，乃致弑帝。先見袁淑奏免湛之一事：

> 轉尚書僕射，領護軍將軍，時尚書令何尚之以湛之國戚，任遇隆重，欲以朝政推之……湛之亦以職官記及令文，尚書令敷奏之內，事無不總，令缺則僕射總任。又以事歸尚之，互相推委。御史中丞袁淑並奏免官，詔曰「令僕治務所寄，不共求體當，而互相推委，糾之是也。然故事殘舛，所以致茲疑執，特無所問，時詳正之。」乃使湛之與尚之並受辭訴。尚之雖爲令，而朝事悉歸湛之。〔註 51〕

袁淑於母憂服闋後，一直任太子中庶子，至元嘉二十六年，先遷尚書吏部郎，又出爲始興王征北長史，最後還爲御史中丞。自然身爲御史臺長官，理有彈劾之權，唯尚之且明眼推讓政事予之的親信皇戚湛之，淑倒是對事不對人，連同尚之一並參免。而湛之轉尚書僕射又是在二十八年魯爽、秀兄弟南歸後，故奏免之事發生時間點當是在二十八年後，究竟淑背後是否有人物或政治勢

〔註 48〕　《宋書》卷 99〈二凶傳〉，頁 2438。
〔註 49〕　《宋書》卷 71〈徐湛之傳〉，頁 1848。
〔註 50〕　《宋書》卷 99〈二凶傳〉，頁 2437。
〔註 51〕　《宋書》卷 71〈徐湛之傳〉，頁 1847。

力倚仗推動，逐敢開罪文帝跟前紅人，實難論斷。唯見眼下存有反對的聲音，持不滿當權派湛之等人作爲之政見。

又視史書載記裏，文帝一連串輾轉難決立儲人選之說詞，如與義恭述元兇蠱一事：

> 江夏王義恭自盱眙還朝，上以巫蠱告之，曰：「常見典籍有此，謂之書傳空言，不意遂所親觀。劭雖所行失道，未必便亡社稷，南面之日，非復我及汝事。汝兒子多，將來遇此不幸爾。」〔註52〕

並見文帝與僧綽論儲位一事：

> 會二凶巫蠱事泄，上獨先召僧綽具言之。及將廢立……湛之欲立隨王誕，江湛欲立南平王鑠，太祖欲立建平王宏，議久不決。誕妃既湛之女，鑠妃即湛妹。太祖謂僧綽曰：「諸人各爲身計，便無與國家同憂者。」僧綽曰：「建立之事，仰由聖懷。臣謂唯宜速斷，不可稽緩。當斷不斷，反受其亂。願以義割恩，略小不忍，不爾便應坦懷如初，無須疑論……不可使難生慮表，取笑千載。」上曰：「卿可謂能斷大事，此事重，不可不慇懃三思。且庶人始亡，人將謂我無復慈愛之道。」僧綽曰：「臣恐千載之後，言陛下唯能裁弟，不能裁兒。」上默然。〔註53〕

從上述引文可知，於巫蠱事發後，文帝仍舊難決儲位之廢立。視其與義恭所言，劭既已失道，又據何理知其未必便亡社稷？除身爲君父對劭能力的肯定外，亦瞭解太子之個性，更應證前所言及東宮太子集團之創建過程與作用，東宮集團實力遂文帝一手培植，藉以鞏固皇權，並捍衛皇位繼承權之用。故，尚信其身後由劭繼承登基，以東宮於其身前所厚植之實力基礎，當非諸盤算身計之人所能掌控，熟難料想劭爲圖富貴竟至如此。見巫蠱事發後文帝與潘淑妃語：

> 至京數日而巫蠱事發，時二十九年七月也。上惋嘆彌日，謂潘淑妃曰：「太子圖富貴，更是一理。虎頭復如此，非復思慮所及。汝母子豈可一日無我耶。」濬小名虎頭。〔註54〕

當前政局詭變，濬同東宮行巫蠱，更脫常人思慮所及。但仍可發現文內諸疑

〔註52〕《宋書》卷99〈二凶傳〉，頁2425～2426。
〔註53〕《宋書》卷71〈王僧綽傳〉，頁1850～1851。
〔註54〕《宋書》卷99〈二凶傳〉，頁2437。

點，一即是文帝決意廢劭，應是在巫蠱事發後，那劭此前圖何富貴？唯以劭行巫蠱欲上崩解釋之。劭急欲取本屬與己之皇位，極可能是迫於當前政局使然。又見文帝於三十年加東宮兵一事：

> 先是二十八年，慧星起畢、昴……三十年正月，大風飛霰且雷。上憂有竊發，輒加劭兵眾，東宮實甲萬人。車駕出行，劭入守，使將白直隊自隨。〔註55〕

《通鑑》考異則認為此條載記謬誤，二十九年既巫蠱事發，豈又會於三十年加東宮實甲軍力。〔註56〕然，若非載記筆誤，則文帝憂慮危及朝政穩定之內患，主要當非東宮集團，遂加劭實甲萬人。同時文帝又作以下人事調度：

> 三十年春正月戊寅，以司空、荊州刺史南譙王義宣為司徒、中軍將軍、揚州刺史。以南袞州并南徐州。庚辰，以領軍將軍劉遵考為平西將軍、豫州刺史。任午，以征北將軍、南徐州刺史始興王濬為衛將軍、荊州刺史。戊子，江州刺史武陵王駿統眾軍伐西陽蠻。癸巳，以豫州刺史南平王鑠為撫軍將軍、領軍將軍。〔註57〕

由上述引文可知，元嘉三十年禁軍調度絕非偶然，加東宮實甲萬人一事，亦不見得如司馬光考異所論之筆誤。文帝將平庸的宗室遵考調出，等同將禁軍軍權授與南平王鑠。〔註58〕此舉可看作兩種情況，一是上已決意立鑠廢劭，命鑠掌控禁軍，實欲制衡東宮集團對廢立政策頒布後所可能衍生的反撲舉措。但為何既欲立鑠，卻與屬意立誕的湛之夜夜相談？於同時又輒加東宮實甲萬人？且按史書所言，文帝決意廢劭賜濬死當於藏匿道育東窗事發後，此時濬藏道育尚未事發，實難循此推測解釋之。二既如前所言，至少闡明了當前政局確實出現紛擾，必涉及牽動皇權與皇位繼承權之穩定。再以加東宮實甲萬人一事觀之，此舉極可能為文帝另一鞏固權力核心與皇位繼承權之安排，劭、濬素與鑠感情不差，改由鑠統禁軍試圖淡化親黨與東宮黨徒之衝突，並共為防衛竊發者窺視皇權之藩籬。當然冀於清理過的史料裏嚼出答案，甚至尋出其它可疑的竊發人物，自然是難上加難了。

〔註55〕《宋書》卷99〈二凶傳〉，頁2426。
〔註56〕《通鑑》卷127宋文帝元嘉三十年（453），頁3988。
〔註57〕《宋書》卷5〈文帝紀〉，頁102。
〔註58〕《宋書》卷51〈宗室遵考傳〉，頁1482。內文曰：「遵考無才能，直以宗室不遠，故歷朝顯遇。」

　　事後論文帝元嘉三十年正月之禁軍調度，自是頗失遠慮，並食其果。於元兇弒帝後，鑠所領禁軍系統與王府勢力全盤為東宮集團所吸收。觀劭仍以鑠為中軍將軍，護軍、常侍，再次應證鑠與劭、濬兩人交情自當匪淺。於鑠王府右軍長史蕭斌、參軍王羅漢並為劭所用的情況下，劭之政權遂不費吹灰之力掌控京畿局勢。

第四章　元凶弒帝與孝武建義

　　本章將分爲三個主軸來論述，其一爲探討太子劭弒帝奪位過程與政權新創後所面臨的政治局勢，解釋劭政權於時所頒授的各項政策之意義。據上並可瞭解劭政權於處置當前所面臨之問題時，諸環節皆是經過縝密籌畫，並具有其考量之政治意圖。唯處理前朝遺留在外之諸王與鎮守方任之外戚時，由於急欲獲取地方掌控權與兵權，雖採明優升暗收權之計略，仍激起諸王奉大義共推時於江州討蠻之武陵王駿舉旗反抗中央，終此自食政權敗亡的惡果。第二部份則是延續論述諸方鎮起兵反抗中央的過程，審視諸鎮起義之性質，解釋作爲討凶主力之江洲討蠻諸軍，同時爲江州刺史的武陵王駿之互動關係。最後則論及文帝朝經元凶篡弒，乃至孝武建義時間裏，中央軍系與親帝系將領的變動過程，並探討於時政局動盪與皇權更迭的過程裏，各項軍事征伐、軍事行動背後所具有的政治意涵。

第一節　元凶奪位與弒帝後政局

　　元嘉三十年正月（453），異徵誕現，大風拔木，雷電晦冥，雨且凍殺牛馬牲口。〔註1〕上見眼下朝中政局紛亂，憂有竊發者，逐加東宮宿衛軍力，並重新部屬禁軍，試圖嚇阻各種可能危及皇權之意圖。然而，太子與始興王濬行巫蠱事再曝內幕：

> 其年二月，濬自京口入朝，當鎮江陵，復載道育還東宮，欲將西上。
> 有告云：「京口民張旿家有一尼，服食，出入征北內，似是嚴道育。」

〔註1〕《宋書》卷34〈五行志〉，頁984。

上初不信，試使掩錄，得其二婢，云：「道育隨征北還都。」上謂劭、
濬已當斥遣道育，而猶與往來，惆悵惋駭。乃使京口以船送道育二
婢，須至檢覆，廢劭，賜濬死，以語濬母潘淑妃，淑妃具以告濬。
濬馳報劭，劭因是異謀，每夜輒饗將士，或親自行酒，密與腹心對
主陳叔兒、詹叔兒、齋帥張超之、任建之謀之。〔註2〕

濬藏匿巫者道育東窗事發後，令文帝惆悵惋駭，決意廢劭賜濬死。按史書論
述可發現文帝已視劭、濬兩人為同逆，濬之作為由是牽連東宮。又將行廢立
之傳聞，東宮皆假手濬母子傳話得知，攸關廢立之大事自當皇室機密，然劭
未加思索與辯解，既生異謀，甚為可疑，唯以東宮、文帝之間關係受此前紛
亂政局和巫蠱事件影響解釋之。處於互不信任狀態下，遂有事已至此，何須
再言的情況。

即得文帝將行廢立傳聞，劭亦謀劃篡弒，見太子東宮黨徒弒帝之經過：

道育婢將至，其月二十一日夜，詐上詔云：「魯秀謀反，汝可平明守
關，率眾入。」因使超之等集素所畜養兵士兩千餘人，皆使被甲……
云有所討。宿召前中庶子、右軍長史蕭斌，夜呼斌及左衛帥袁淑、
中舍人殷仲素、左積弩將軍王正見，並入宮，告以大事……明旦未
開鼓，劭以朱服加戎服上，乘畫輪車，與蕭斌同載，衛從如常入朝
之儀，守門開，從萬春門入。舊制，東宮隊不得入城，劭與門衛云：
「受敕，有所收討。」令後隊速來，張超之等數十人馳入雲龍、東
中華門及齋閣，拔刃徑上合殿。上其夜與尚書僕射徐湛之屏人語，
至旦燭猶未滅，直衛兵尚寢。超之手行弒逆，并殺湛之。劭進至合
殿中閤，太祖已崩，出坐東堂，蕭斌執刀侍直。呼中書舍人顧嘏，
嘏震懼不時出，既至，問曰：「欲共見廢，何不蚤啓。」未及答，既
於前斬之。遣人於崇禮闥殺吏部尚書江湛。太祖左細丈主鳩天與攻
劭於東堂，見殺。又使人從東閤入殺潘淑妃，又殺太祖親信左右數
十人。急召始興王濬，率眾屯中堂。又招太尉江夏王義恭、尚書令
何尚之。〔註3〕

從集聚私兵，至號召和謀者，趁天色未明進宮篡弒，與弒帝後第一時間之應
變可知，政變實為縝密策畫。東宮黨徒入弒路線則參看下圖（圖4－1）。

〔註2〕 《宋書》卷99〈二凶傳〉，頁2426。
〔註3〕 同上註，頁2426～2427。

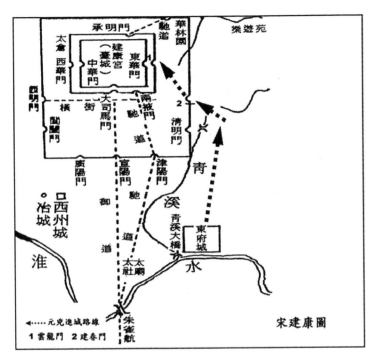

圖 4－1：元凶入弑路線圖

出處：引用劉淑芬《六朝的城市與社會》一書之附圖，頁 62。加以標註元凶篡弑路線。

　　東宮黨徒篡弑後，首當其衝的是身為文帝親黨主要人物，又推立儲位人選，且素與東宮不睦的江、徐二人，其黨人亦一併為劭之政權所清肅。後召義恭、尚之等人，究其依歸，穩定新朝政局。另都城內禁軍宿衛兵力亦為劭所掌控，見偽丹陽尹尹弘事：

> 弘二月二十一日平旦入直，至西掖門，聞宮中有變，率城內禦兵至閣道下。及聞劭入，惶怖通啓，求受處分，又為劭簡配兵士，盡其心力。弘，天水冀人……元嘉中，歷太子左右衛率、左右衛將軍，□人官爵高下，皆以委之。〔註4〕

宮朝政局一夜驟變。歷任太子左右衛率，時為左衛將軍的尹弘，手握宿衛兵權，其動向影響京城局勢茲重，亦是劭何以於一日內竟佔有都城之關鍵。於尹弘率宿衛兵降奉新政權的情況下，除入宮弑帝時遭遇零星衝突外，劭遂不費吹灰之力掃平六門之內反對勢力，並按計劃收編京畿區域內諸重要軍政據點與勢力。

　　於太子黨徒逐步控制宮內局勢的同時，京畿區域內仍具兩股重要軍政勢

〔註4〕《宋書》卷 99〈二凶傳〉，頁 2439。

力足以影響政局，其一爲擁兵眾鎮守石頭的鑠，另則是時於西府的濬。然而，於張超之告知濬宮中情勢後，遂於旦夕之間改朝變色：

> 劭入弒之旦，濬在西府……濬未得劭信，不知事之濟不，騷擾未知所爲。將軍王慶曰：「今宮內有變，未知主上安危，預在臣子，當投袂卦難。憑城自守，非臣節也。」濬不聽，乃從南門出，徑向石頭，文武從者千餘人。時南平王鑠守石頭，兵士亦千餘人。俄而劭遣張超之馳馬召濬，濬屏人問狀，既戎服乘馬而去。朱法瑜固止濬，濬不從。出至中門，王慶又諫曰：「太子反逆，天下怨憤。明公但當堅閉城門，坐食積粟，不過三日，兇黨自離。公情事如此，今豈宜去。」濬曰：「皇太子令，敢有復言者斬。」既入，見劭，勸殺荀赤松等。〔註5〕

王慶未知箇中算計，尚主觀認爲，以隨濬入城文武從者，加之鑠鎮守石頭兵力，只須守城靜待兇黨退散，既可改變當前動亂不明之情勢，並盡人臣之節。無奈濬心意已決，遂率文武奉令於劭政權。至此，新政權於朝中復無敵對政治勢力，且石頭內舊朝文武悉隨濬降的情況下，初步掌控京城區域內諸重要據點。見下圖（圖4－2）：

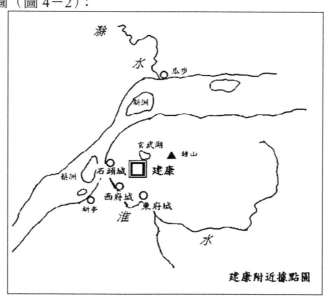

圖4－2：建康附近重要據點圖

出處：譚其驤《中國歷史地圖集》第4冊（1987），本文並據譚氏書內圖表加以繪製。

〔註5〕《宋書》卷99〈二凶傳〉，頁2437～2438。

劭政權初立，旋即嘗試透過以下作爲來穩定內外政局：首先是改元確定新朝正統地位。其次則博訪公卿，詢求治道，以徵詢政界意向。三爲薄賦輕繇，損諸遊費，田苑山澤，有可弛者，假與貧民，冀此造立賢君形象，獲取基層民眾支持。遵循上述方針的施行，頗見成效，不僅穩固京畿政局，亦具奉承前朝之勢。眼下獨存之疑慮，且爲最棘手的難題，即是如何掌控方任要鎮。而新朝終在無法獲取握控地方重鎮諸宗王支持的情況下，爲劭之敗亡埋下伏筆。

按前章所言，重任同宗血脈做爲護衛皇權藩籬乃前朝之政策。於京城，現年歲居武帝諸子之長，並具宗室與政治影響力之義恭，業已奉事新朝。諸宗室王侯除留之間但隨劭意。唯舊朝遺留於外之宗王，並據方任要鎮，握控地方軍權，自然無法端視個人喜好置之。見劭即位後對諸鎮宗王的人事調度：

> 三月，遣大使分行四方，分浙以東五郡爲會州，省揚州立司隸校尉，以殷沖補之。以大將軍義恭爲太保，司徒南譙王義宣爲太尉，衛將軍、荊州刺史始興王濬進號驃騎將軍。王僧綽以先預廢立，見誅。長沙王瑾、瑾弟楷、臨川王燁……並以宿恨下獄死……以雍州刺史臧質爲丹陽尹，進世祖號征南將軍，加散騎常侍，撫軍將軍南平王鑠中軍將軍，會稽太守隨王誕會州刺史。江夏王義恭以太保領大宗師，諮稟之科，依晉扶風王故事。[註6]

夥同篡弑之輩進號以示親暱理屬當然，而以年資居宗室之長的義恭爲太保領大宗師，自有宗法與政治上尊親之意。詔時於荊州之義宣爲太尉，表面優遷，卻藏暗奪其荊州實權之意圖。而倣魏、晉都洛舊制立司隸校尉統揚州，無疑是當前政軍局勢考量。另分浙東五郡立州郡一事，其源久矣，蓋將原揚州浙西區域新併司隸。[註7]胡三省則認爲劭欲就會稽用誕統浙東五郡。[註8]由此看來，新政權對誕之向背是較無顧慮的。又詔邊防重鎮雍州刺史姻戚臧質回京，一來自脫其荊雍地方兵權，另雖授其京畿大郡，看似輦轂喉舌，且爲京輦土地之主，唯粉飾新朝對其親厚看重之餘，制司隸校尉轄內，且居京城行政，遂收監管之成效。[註9]

[註6] 《宋書》卷99〈二凶傳〉，頁2428。

[註7] 嚴耕望《地方行政制度史——魏晉南北朝地方行政制度》，頁41、57～58（上海：上海古籍出版社，2007）。

[註8] 《通鑑》卷127宋文帝元嘉三十年（453），頁3993。

[註9] 丹陽尹相關職任與住所之論述參看劉淑芬《六朝的城市與社會》，頁149（臺北：臺灣學生書局，1992）。

　　按上推測，此番詔令與人事調度，於換取諸州鎮刺史支持之餘，意在收回地方實權，且爲新朝欲握控地方重鎮之權宜計策。唯對江州刺史武陵王駿處置，一反明優升暗拔椿之計略，雖進其征南將軍號，猶具領江州，卻陰遣人書於沈慶之誅駿。蓋諸州鎮之中，以上游荊州最是重要，昔日武帝一改東晉閫外之寄政策，永初三年分荊州十郡，立湘州，文帝元嘉二十六年又割立雍州，意在改變昔日荊揚間君弱臣強之勢。雍州因境臨北土，國防地位漸重，又常隸於荊州都督之下，唯荊州境內仍具荊州與南蠻校尉二軍府，軍力亦是雄厚。〔註 10〕建康當權者藉裂土分州，雖免去昔日荊州獨大威脅建康政權之問題，卻因邊防需要未解荊襄諸鎮之軍力，實置上游諸鎮於唇齒之間。〔註 11〕故在相互牽制的情況下，荊襄兩鎮，得其一則另難反矣。

　　反觀孝武情況則不同，元嘉二十八年江州復置軍府，又三十年武陵王駿統眾軍伐西陽蠻，這隻游移於西陽五洲的雜牌軍，名義上由江州刺史武陵王駿所統的討蠻武裝力量，其動向乃爲新政權所急欲掌控的。如駿據江州控討蠻諸軍反而起之，廣、交兩州且遠水難救近火，實無制江州與伐蠻諸軍於腹背的能力，既省去荊襄兩鎮欲趁亂勢起，尚需內外兼顧之情況。故，假駿並與伐蠻諸軍作亂江州，誠爲新朝腹心之疾矣。再觀討蠻諸軍成份與背景：

> 二十九年，復更北伐，慶之固諫不從，以立議不同，不使北出。是時亡命司馬黑石、廬江叛吏夏侯方進在西陽五水，誑動群蠻，自淮、汝至于江沔，咸罹其患。十月，遣慶之督諸將討之，詔豫、荊、雍並遣軍，受慶之節度。三十年正月，世祖出次五洲，總統群帥，慶之從巴水出至五洲，諮受軍略。〔註12〕

按上所言，討蠻諸軍成員包含豫、荊、雍等諸州兵力，而沈慶之則總統眾軍，爲實際掌控討蠻諸軍之將領。二十九年再度伐魏，慶之固諫不從，因軍議相異，不使北出。按史書原意，特張慶之不使北出，除具拉提慶之之意喻外，間接透露參與北伐諸軍乃爲當朝主要軍力。無論如何都說明了討蠻軍之成立，實爲應對司馬黑石、夏侯方進等人突如其來的舉蠻作亂。再從軍系派別觀之，諸軍內即有沈慶之等將持反對北伐議論，應當也有持贊同北伐論調之

〔註10〕嚴耕望《地方行政制度史——魏晉南北朝地方行政制度》，頁 61～66。

〔註11〕相關論點參看傅樂成〈荊州與六朝政局〉，頁 106～115、章義和《地域集團與南朝政治》，頁 67～97。

〔註12〕《宋書》卷 77〈沈慶之傳〉，頁 2000。

將領，而這些將領自然擔當北伐之重任。故本文推測，實際上除沈慶之等人所率之討蠻地方軍系外，京城中央亦具其它軍系，至少當有一隻堪當前線防衛征伐的武裝力量與軍事系統。相關支持北伐之軍事派系與其將領背景且待後論。唯劭政權欲除武陵王駿，實為收討蠻諸軍之掌控權，並尋求討蠻諸軍將領的支持。

總結上述，太子劉劭政變後的朝中政局，未因其篡位弒上而大亂，反觀劭政權經縝密策劃，以極短暫的時間掌控京畿區域，於並據天府的情況下，大有承續前朝正朔之勢。而在對諸鎮宗王處置上，新政權急欲透過人事的重新調任，掌控地方實權，雖計策果斷明確，唯成效難測，徒增變數。另於前朝派出之討蠻諸軍，掌控於沈慶之一人之手，討蠻軍成員乃為豫、荊、雍等諸州派遣之混合軍力。這隻游移於五洲之間，為舊朝應對動亂臨時招集的討蠻武裝力量，其動向對新政權的穩定憂關茲重，如反，則可能成為新朝腹心之疾。就在無法順利獲取討蠻諸將的支持下，竟蘊釀成中央與地方軍系的爭權混戰，也為新政權埋下敗亡的種子。

第二節　元嘉末軍系的變動

劭於政變成功後，立馬對諸鎮宗王採取明優升暗防諸鎮割據之措施，透過人事調派，冀收宗王地方實權，並期假慶之手誅除孝武。一方面，自然是測試南下討江蠻之諸軍將領對新朝的態度。反過來說，劭政權能否落實掌控地方亦在此一舉。當然事後觀之，劭所詔不僅直接衝擊前朝在外諸王的實質利益，既剝奪其地方實權於局勢尚未穩固之時，間接促使諸方鎮挾地方、擁兵權反抗中央政權。於談論孝武舉大義反劭政權，與諸方鎮夥同起兵之前，本文將先解釋此前所留之疑題。此時中央是否存在著有別於起義軍之軍事系統與派別？而於新政權未穩，中央觸手尚未伸及地方之際，劭又據何勢力，致使其敢於政權新立即頒受危及諸重鎮宗王利益之詔令？下文並嘗試論述之。

按前文所論，武帝整合隆安年間東晉內部諸政治勢力，所仗為北府區域內的江淮流民武裝力量，新興的北府諸將為裕南征北討，終至受晉禪建宋。而文帝歷宰輔權臣廢少帝一事後，入承大統倚賴的乃是荊州南蠻校尉府之軍力。因此於強化禁軍與東宮宿衛體制同時，亦深知南蠻校尉手握長江中游兵權之要重性。故元嘉年間文帝任用親信將領，每授領禁軍、南蠻校尉職。於道濟倒臺後，

文帝親信將領順勢成爲元嘉年間軍方主流派系，見下表（表4－1）：

表4－1：劉宋元嘉朝具將軍號人物表

	姓　名	歷任 將軍職	出仕背景	親屬 關係	皇室 關係	備　註
1	趙倫之	鎮軍將軍、領軍將軍	隨武帝、軍功	孝穆皇后弟	外戚	《宋書》卷46趙倫之傳，卒於元嘉五年。
2	趙伯符	領軍將軍、護軍將軍	討竟陵蠻、軍功	趙倫之子	外戚	《宋書》卷46趙倫之傳，卒於元嘉二十一年。
3	王懿	安北將軍、鎮北將軍	隨武帝、軍功	父苗，事符堅	士族	《宋書》卷46王懿傳，卒於元嘉十五年。
4	張邵	征虜將軍、南蠻校尉	隨武帝、文帝荊州舊屬	會稽太守裕弟	士族	《宋書》卷46張邵傳，卒於元嘉中。
5	張敷	元凶朝輔國將軍	襲父封	張邵子	士族	《宋書》卷46張邵傳，出奔孝武，墜淮死。
6	胡藩	建武將軍、游擊將軍	隨桓玄，後武帝召	祖隨，散騎常侍	士族	《宋書》卷50胡藩傳，卒於元嘉十年。
7	劉康祖	太子左積弩將軍	勳臣子	伯父簡之，父虔之	同鄉勳臣子弟	《宋書》卷50劉康祖傳，元嘉二十七年歿於陣。
8	坦護之	殿中將軍、建武將軍	隨武帝、軍功	父苗，事慕容超	士族	《宋書》卷50坦護之傳，卒於大明八年。
9	謝述	左衛將軍	劉義康遇之	兄謝景仁	士族	《宋書》卷52謝景仁傳，卒於元嘉十二年。
10	袁洵	元凶朝建威將軍	謝安舉其父、伯	父豹，伯湛	士族	《宋書》卷52袁湛傳，卒於孝建元年。
11	褚湛之	左衛將軍，元兇朝輔國將軍	爲太祖所知	尚高祖第七、五女	外戚	《宋書》卷52褚叔度傳，卒於大明四年。
12	張茂度	冠軍將軍、建武將軍	文帝荊州舊屬	父敞，弟邵	士族	《宋書》卷53張茂度傳，卒於元嘉十九年。
13	陸仲元	右衛將軍	歷清資，以事用見知	晉太尉玩曾孫	士族	《宋書》卷53張茂度傳
14	張永	揚威將軍，元凶朝輔國將軍	爲文帝所知，歷任江夏王義恭官屬	父茂度	士族	《宋書》卷53張茂度傳，卒於元徽三年。

姓　名	歷任將軍職	出仕背景	親屬關係	皇室關係	備　註
15　王華	驍騎將軍、右衛將軍	隨武帝，文帝荊州舊屬	父廞，太子中庶子	士族	《宋書》卷 63 王華傳，卒於元嘉四年。
16　王曇首	驍騎將軍	文帝荊州舊屬	太保弘少弟	士族	《宋書》卷 63 王曇首傳，卒於元嘉七年。
17　沈演之	右衛將軍	初劉義康遇之，後為文帝所任	父揚州主簿叔任	士族	《宋書》卷 63 沈演之傳，卒於元嘉二十六年。
18　吉翰	龍驤將軍、輔國將軍	隨劉道憐、軍功	馮翊池陽人	寒素	《宋書》卷 65 吉翰傳，卒於元嘉七年。
19　劉道產	輔國將軍、後軍將軍、寧蠻校尉、西戎校尉	勳臣子	父簡之	同鄉勳臣子弟	《宋書》卷 65 劉道產傳，卒於元嘉十九年。
20　劉道錫	廣威將軍、揚烈將軍	勳臣子	父簡之	同鄉勳臣子弟	《宋書》卷 65 劉道產傳，卒於元嘉末年。
21　杜坦	後軍將軍、龍驤將軍	晚渡北人，軍功	京兆杜陵人	士族	《宋書》卷 65 杜驥傳
22　杜驥	左軍將軍	晚渡北人，軍功	兄坦	士族	《宋書》卷 65 杜驥傳，卒於元嘉二十七年。
23　蕭思話	前軍將軍、左衛將軍、護軍將軍、南蠻校尉	為文帝所遇、軍功	孝懿皇后弟子	外戚	《宋書》卷 78 蕭思話傳，卒於孝建二年。
24　蕭斌	輔國將軍、南蠻校尉	為文帝所遇	父摹之，丹陽尹	外戚	《宋書》卷 78 蕭思話傳、卷 99《二兇傳》
25　坦護之	殿中將軍、建武將軍	隨武帝、軍功	父苗，事慕容超	士族	《宋書》卷 50 坦護之傳，卒於大明八年。
26　羊玄保	左衛將軍、輔國將軍	為文帝所遇	父綏，中書侍郎	士族	《宋書》卷 54 羊玄保傳，卒於大明八年。
27　到彥之	南蠻校尉、中領軍	文帝荊州舊屬	彭城武原人	鄉里	《南史》卷 25 到彥之傳，卒於元嘉十年。
28　申恬	寧遠將軍、寧朔將軍、輔國將軍	晚渡北人，軍功	從父兄永，歷任青、兗二州刺史	士族	《宋書》卷 65 申恬傳，卒於孝建二年。
29　申坦	建威將軍、蕭思話假坦輔國將軍	晚渡北人，軍功，蕭斌板行建威將軍	父永	士族	《宋書》卷 65 申恬傳，卒於大明年間。

	姓　名	歷任 將軍職	出仕背景	親屬 關係	皇室 關係	備　註
30	徐湛之	前軍將軍、護軍將軍、右軍將軍、冠軍將軍	爲文帝所遇	母高祖女會稽公主	外戚	《宋書》卷 71 徐湛之傳，歿於元嘉三十年元凶弒立。
31	臧質	寧朔將軍、寧遠將軍、輔國將軍、冠軍將軍、寧蠻校尉	爲文帝所遇，軍功	父熹，武敬皇后弟	外戚	《宋書》卷 73 臧質傳士族魯爽同反，事敗伏誅。
32	宗慤	振武將軍	爲劉義恭所遇	兄綺，爲義恭征北府主簿	寒素	《宋書》卷 76 宗慤傳，卒於大明六年。
33	王玄謨	寧朔將軍	陳侵北之策，爲文帝所遇	祖牢，仕慕容氏。父秀，早卒	寒素	《宋書》卷 76 王玄謨傳
34	魯爽	征虜將軍	前朝將領回歸，北來部曲凡六千八百八十三人	祖宗之，父軌	士族	《宋書》卷 74 魯爽傳，孝建元年與臧質、義宣反，事敗。
35	魯秀	輔國將軍	前朝將領回歸，北來部曲凡六千八百八十三人	祖宗之，父軌，兄爽	士族	《宋書》卷 74 魯爽傳，孝建元年與其兄、臧質、義宣反，事敗。
36	薛安都	建武將軍、綏遠將軍	晚渡北人，軍功	父廣爲宗豪	士族	《宋書》卷 88 薛安都傳
37	尹弘	太子左右衛率、左右衛將軍	爲太祖所遇	兄沖，司州刺史	士族	《宋書》卷 99 二凶傳
38	劉勔	寧遠將軍	爲廣州刺史劉道錫所任	彭城人	鄉里	《宋書》卷 86 劉勔傳
39	柳元景	廣威將軍、寧朔將軍	爲劉道產、劉義恭所任	父憑，馮翊太守	士族	《宋書》卷 77 柳元景傳
40	沈慶之	建威將軍、殿中將軍	爲趙倫之所遇	兄敞之，爲趙倫之征虜參軍	士族	《宋書》卷 77 沈慶之傳
41	劉湛	南蠻校尉、右衛將軍	初爲武帝遇，後殷景仁白文帝徵湛，並爲義康黨	祖父耽，父柳，並晉左光祿大夫	士族	《宋書》卷 69 劉湛傳
42	謝晦	衛將軍	初爲孟和參軍，後劉穆之白武帝徵晦	父重，會稽王道子驃騎長史	士族	《宋書》卷 44 謝晦傳

姓 名	歷任將軍職	出仕背景	親屬關係	皇室關係	備 註
43 王弘	撫軍將軍、衛將軍、開府儀同三司	爲武帝所遇	曾祖導,晉丞相。祖洽,中領軍。父珣,司徒。	士族	《宋書》卷 42 王弘傳,卒於元嘉九年。
44 檀道濟	征北將軍、征南大將軍、開府儀同三司	隨武帝,軍功	左將軍韶少弟	寒素	《宋書》卷 43 檀道濟傳,元嘉十三年春入間,伏誅。
45 劉粹	征虜將軍、寧朔將軍、寧蠻校尉	隨武帝,軍功	沛郡蕭人	寒素	《宋書》卷 45 劉粹傳,卒於元嘉四年。
46 劉遵考	護軍、左衛將軍、前將軍	隨武帝,軍功	武帝族弟	宗室	《宋書》卷 51 宗室劉遵考傳。
47 劉義慶	平西將軍、衛將軍、開府儀同三司	襲封臨川王,爲高祖所知	長沙景王第二子	宗室	《宋書》卷 51 宗室劉道規傳。
48 卜天與	廣威將軍	天與善射,太祖以其舊將子,使教皇子射	父名祖	寒素	《宋書》卷 91 孝義卜天與傳,歿於元凶弑立。
49 范曄	左衛將軍、太子詹事	爲義康所任	車騎將軍泰子	士族	《宋書》卷 69 范曄傳,元嘉二十二年,同孔熙先謀擁義康反,伏誅。
50 謝弘微	左衛將軍、太子中庶子	太祖引爲文學	陳郡陽夏人	士族	《宋書》卷 58 謝弘微傳,元嘉十年卒。
51 王球	太子右衛率、冠軍將軍	太祖友人	父謐,司徒。從兄弘	士族	《宋書》卷 58 王球傳,元嘉十八年卒。
52 殷景仁	左衛將軍、中領軍、領軍將軍	初爲劉毅、高祖參軍,後爲文帝所遇	曾祖融,晉太常。祖茂,散常騎侍。	士族	《宋書》卷 63 殷景仁傳。

凡 52 人,武帝、文帝諸子並無錄,未入傳之雜號將軍亦不在表內。本表據《宋書》、《南史》、萬斯同《二十五史補編》〈宋將相大臣年表〉製作。

　　本文將文帝朝元嘉年間授封將軍號之具傳人物羅列於上表。表內並參考毛漢光劃分士族與寒素之標準,劃分士族與寒素。〔註13〕唯本表旨在傳達當權者

〔註13〕相關士族、小姓、寒素標準的劃分詳見毛漢光《中古社會史論》〈兩晉南北朝主要文官士族成分的統計分析與比較〉,頁 139～146。

看待軍系人物之社會背景，故無細分士族、小姓。武帝、文帝諸子並無錄於上表內。透過上表，我們仍可區分出以下幾類人物：一、為具文職授封將軍稱號。二、則是文職兼授禁軍將軍職。三、為實際指揮戍防征伐之軍方將領。

又於上表中，刪選領禁軍軍職者，與其仕官背景為文帝出鎮荊州時輔佐者，加諸外戚、同鄉者，並可再細分出下表（表4-2）：

表4-2：元嘉朝文帝親信將領表

姓名	歷任將軍職	仕官背景	親屬關係	皇室關係	備　註
趙倫之	鎮軍將軍、領軍將軍	隨武帝、軍功	孝穆皇后弟	外戚	《宋書》卷46趙倫之傳，卒於元嘉五年
趙伯符	領軍將軍、護軍將軍	討竟陵蠻、軍功	趙倫之子	外戚	《宋書》卷46趙倫之傳，卒於元嘉二十一年
張邵	征虜將軍、南蠻校尉	隨武帝、文帝荊州舊屬	會稽太守裕弟	士族	《宋書》卷46張邵傳，卒於元嘉中
劉康祖	太子左積弩將軍	勳臣子	伯父簡之，父虔之	同鄉勳臣子弟	《宋書》卷50劉康祖傳，元嘉二十七年歿於陣
褚湛之	左衛將軍，元凶朝輔國將軍	為文帝所遇	尚高祖第七、五女	外戚	《宋書》卷52褚叔度傳，卒於大明四年
張茂度	冠軍將軍、建武將軍	文帝荊州舊屬	父敞，弟邵	士族	《宋書》卷53張茂度傳，卒於元嘉十九年
陸仲元	右衛將軍	歷清資，以事用見知	晉太尉玩曾孫	士族	《宋書》卷53張茂度傳
張永	揚威將軍，元凶朝輔國將軍	為文帝所遇，歷任江夏王義恭官屬	父茂度	士族	《宋書》卷53張茂度傳，卒於元徽三年
王華	驍騎將軍、右衛將軍	隨武帝，文帝荊州舊屬	父廞，太子中庶子	士族	《宋書》卷63王華傳，卒於元嘉四年
沈演之	右衛將軍、太子右衛率	初劉義康遇之，後為文帝所任	父揚州主簿叔任	士族	《宋書》卷63沈演之傳，卒於元嘉二十六年
劉道產	輔國將軍、後軍將軍、寧蠻校尉、西戎校尉	勳臣子	父簡之	同鄉勳臣子弟	《宋書》卷65劉道產傳，卒於元嘉十九年
蕭思話	前軍將軍、左衛將軍、護軍將軍、南蠻校尉	為文帝所遇、軍功	孝懿皇后弟子	外戚	《宋書》卷78蕭思話傳，卒於孝建二年

姓名	歷任將軍職	仕官背景	親屬關係	皇室關係	備　註
蕭斌	輔國將軍、南蠻校尉	爲文帝所遇	父摹之，丹陽尹	外戚	《宋書》卷 78 蕭思話傳、卷 99 二凶傳
尹弘	太子左右衛率、左右衛將軍	因父沖，爲太祖所遇	兄沖，司州刺史	士族	《宋書》卷 99 二凶傳
坦護之	殿中將軍、建武將軍	隨武帝、軍功	父苗，事慕容超	士族	《宋書》卷 50 坦護之傳，卒於大明八年
劉遵考	護軍、左衛將軍、前將軍	隨武帝，軍功	武帝族弟	宗室	《宋書》卷 51 宗室劉遵考傳
劉湛	南蠻校尉、右衛將軍	初爲武帝遇，後殷景仁白文帝徵湛，並爲義康黨	祖父耽，父柳，並晉左光祿大夫	士族	《宋書》卷 69 劉湛傳
范曄	左衛將軍、太子詹事	爲義康所任	車騎將軍泰子	士族	《宋書》卷 69 范曄傳，元嘉二十二年，同孔熙先謀擁義康反，伏誅。
殷景仁	左衛將軍、中領軍、領軍將軍、護軍	初爲劉毅、高祖參軍，後爲文帝所遇	曾祖融，晉太常。祖茂，散常騎侍。	士族	《宋書》卷 63 殷景仁傳
臧質	寧朔將軍、寧遠將軍、輔國將軍、冠軍將軍、寧蠻校尉	爲文帝所遇，軍功	父熹，武敬皇后弟	外戚	《宋書》卷 73 臧質傳 士族魯爽同反，事敗
謝弘微	左衛將軍、太子中庶子	太祖引爲文學	陳郡陽夏人	士族	《宋書》卷 58 謝弘微傳，元嘉十年卒。
王球	太子右衛率、冠軍將軍	太祖友人	父謐，司徒。從兄弘	士族	《宋書》卷 58 王球傳，元嘉十八年卒。
到彥之	南蠻校尉、中領軍	文帝荊州舊屬	彭城武原人	鄉里	《南史》卷 25 到彥之傳，卒於元嘉十年

　　表中唯以下諸例，非外戚、宗室與文帝荊州舊屬身份背景仍任禁軍要職。本文並嘗試分論之。首先，殷景仁於少帝時任左衛將軍，後爲太祖所遇，左衛如故，與王華、王曇首、劉湛並爲侍中，俱居門下，有同升之美。〔註 14〕由此可知，文帝即位初期，乃納非徐羨之、傅亮等宰輔權臣派系的景仁，與其荊州舊屬共衛皇權。而謝弘微、王球則爲義隆宜都王時期舊屬友人。〔註 15〕

〔註 14〕《宋書》卷 63〈殷景仁傳〉，頁 1680～1681。
〔註 15〕《宋書》卷 58〈謝弘微傳〉，頁 1592、〈王球傳〉，頁 1594～1595。

再觀劉湛、范曄與沈演之等人，實爲義康主相爭權事件中之殊例。劉湛初因景仁喪母，薦其替領軍將軍職，後與景仁結惡，遂擁義康聚黨。〔註16〕而演之則是由義康黨人轉親帝室，文帝嘉其盡心朝廷，故於出義康，誅湛後，以演之爲右衛將軍。〔註17〕范曄同義康關係較爲撲朔迷離，先任彭城王府冠軍將軍，又隨府轉任右軍參軍，後遷尙書吏部郎，應深受義康親待無異，卻於元嘉九年，義康喪妻之際，行爲不檢，惹怒義康，左遷宣城太守。〔註18〕景仁卒後乃起爲左衛將軍，唯文帝是愛惜其才，欲納之，或有調和義康黨徒之意，則未可知。故，後有孔熙先語之所言，終爲文帝親信沈演之所參，尋而伏誅。〔註19〕另尹弘則可能是因其父沖於北伐敗退之時，捨身就義，誠節志概，繼蹤古烈的關係，特受文帝親重之。〔註20〕

如將前述諸禁軍要職任命視爲非常態性之特例，據上表猶可歸納出兩個指標，一是元嘉年間禁軍要職，如領軍將軍、護軍將軍，或是負責六門內宿衛之左右衛將軍，皆爲外戚、宗室與文帝荊州舊屬所領。用意自是避免遭逢少帝前車之鑑。另一指標則是調派親信將領任南蠻校尉職，實欲遙掌南蠻校尉府兵權，達到監管長江中、上游諸鎭之效。親信將領任南蠻校尉職，是否並俱文帝一朝軍事上，乃至政治上象徵意義，或可看作中央培植軍方領導人物之仕途轉遷過程，則難議論矣。

親帝系的軍方將領系統，有別於檀道濟北府將領派系，更異於之後討蠻諸軍挾帶濃厚的地方色彩。〔註21〕應該這樣說，文帝本身並非著眼於諸將的地方社會背景，更無可能將之看作武帝一手新建的北府將領性質。〔註22〕而

〔註16〕　《宋書》卷69〈劉湛傳〉，頁1817。

〔註17〕　相關論點參看唐燮軍《六朝吳興沈士氏及其宗族文化研究》，頁271～273、陳群〈吳興沈氏與皇權劉宋政治〉《淮陰師範學院學報（哲社版）》第2期，頁262～267（2002）。

〔註18〕　《宋書》卷69〈范曄傳〉，頁1819～1821。

〔註19〕　同上註，頁1821。內文曰：「時曄與沈演之並爲上所待，每被見多同。曄若先至，必待演之俱入，演之先至，嘗獨被引，曄又以此爲怨。」由是可知兩人於此前已有心結。後演之參曄事見《宋書》卷63〈沈演之傳〉，頁1686。

〔註20〕　《宋書》卷95〈索虜傳〉，頁2333。

〔註21〕　相關論點參看萬繩楠《陳寅恪魏晉南北朝史講演錄》〈楚子集團與江左政權的轉移〉，頁195～217、田余慶《秦漢魏晉史探微》〈北府兵始末〉，頁344～348、章義和《地域集團與南朝政治》，頁1～73。

〔註22〕　今人研究多以地域集團解釋元嘉末雍州武裝力量的崛起，與京口集團的衰落，本文則以相異的角度觀之，詳見本文內文敘述。

親帝系軍方成員初期多爲文帝出鎮荊州時期的舊屬、與皇室有婚聘之外戚、具有革命情感的鄉里子弟。他們居中負責掌控宿衛兵權，護衛帝室；外則監管諸鎮，負責征戰指揮之事宜。元嘉七年文帝且啓用親信舊屬到彥之，圖藉北伐樹立親帝室將領威名，欲意減縮道濟於軍方之影響力，前文並已論及。然，隨親帝軍方成員於元嘉末紛紛凋零，原荊州舊吏將佐漸排除於中央軍方系統外，至使外戚與宗室具領禁軍要職。觀外戚蘭陵蕭氏，則自元嘉十三年道濟被除後，漸次授與重任。見蕭思話領南蠻校尉一事：

> 十四年，遷使持節、臨川王義慶平西長史、南蠻校尉。太祖賜以弓琴，手敕曰：「丈人頃何所作，事務之暇，故以琴書爲娛耳，所得不日義邪。眷想常不忘情，想亦同之。前得琴，云是舊物，亦有名京邑，今以相借。因是戴顒意於彈撫，響韻殊勝，直爾嘉也。并往桑弓一張，材理乃快，先所常用，既久廢射，又多病，略不能制之，便成老公，令人嘆息。良材美器，宜在盡用之地，丈人眞無所讓也。」
>
> 〔註23〕

出爲南蠻校尉，帝竟割愛所用器物與之，且觀其受上親重如此。十九年則徵爲侍中，領軍將軍，未就徵，復先職。二十年，遷持節，監雍州梁南北秦四州荊州之南陽竟陵順陽襄陽新野隨六郡軍事、寧蠻校尉、雍州刺史，襄陽太守。二十二年，除侍中，領太子右率。二十四年，改領左衛將軍。二十七年，遷護軍將軍。是年春文帝將大舉北討，思話固諫不從，乃領精甲三千，助鎮彭城，虜退，即代孝武爲監徐兗青冀四州豫州之梁郡諸軍事、輔軍將軍、徐兗二州刺史。二十九年又統眾軍北討，失利，尋爲江夏王義恭所奏免官。蕭思話儼然成爲彥之身後，文帝極力培植之軍方將領。另蕭斌亦受文帝所重任，其軍旅仕途，一如思話，先任南蠻校尉，後爲青、冀兩州刺史，元嘉二十七年更負責指揮北伐第一線戰事。

　　於彥之身後，文帝極力培植蘭陵蕭氏一門作爲中央軍事系統的領導人物。他們不僅同其他親信一樣，領授禁軍要職，負責宿衛皇宮京城的任務，亦出州鎮任將帥，擔當征伐戰事之實際指揮者。正如文帝所作詩曰：「願想淩扶搖，弭旆拂中州。爪牙申威靈，帷幄騁良籌。」〔註24〕元嘉七年彥之坐滑臺戰敗免官，來年啓用，尋而卒。八年，道濟收拾彥之遺留殘局後迴師，思話竟懼虜大至，

〔註23〕《宋書》卷78〈蕭思話傳〉，頁2013～2014。
〔註24〕《宋書》卷95〈索虜傳〉，頁2333～2334。

棄鎮南歸。二十九年，再失碻磝，免官。蕭斌則因二十七年北伐失利，坐免官，後起爲南平王鑠府右軍長史。唯見數次北伐，歷彥之、思話、斌等將，卻屢嘗敗績，始終難申爪牙之威靈，更未達到預期之成效。〔註25〕

隨著思話、斌等人坐敗免官，正象徵著文帝此前欲樹立親帝室軍方將領政策的失敗，乃不得不啓用其他背景之武人。元嘉末並是諸軍系漸次抬頭之時，往昔義康出藩，義恭戒其之失，奉行文書而已，唯朝野軍方仍匯聚一批授義恭恩澤之故吏將佐，如張永、宗慤、柳元景等。〔註26〕而二十九年冬義恭改授大將軍後，所作第一件事，就是參免北伐失利的思話，此當視爲軍方派系之角力爭鬥。這批於孝武一朝功成名就的將領，部份雖於元嘉末討蠻戰事上漸獲軍功，唯仍屬軍方中、下階層人物，如宗慤就曾受鄉人庾業所輕辱。〔註27〕若眞要論諸將翻身躍居軍方主流之時，則當於孝武建義之後了。又隨著蕭氏諸將暫退軍方高層舞台，元嘉間南渡豪族則漸受倚重，如魯爽、魯秀、薛安都等。〔註28〕魯氏兄弟舊朝驍將，二十八年南歸，隨其北來部曲凡六千八百八十三人。〔註29〕這隻北來武裝力量，並具可觀戰力，當對中央與地方軍系產生不小的衝擊。最後談到的則是吳興沈氏，沈演之自是歷任禁軍要職，唯其受文帝委以腹心乃元嘉初時政局所致。沈曇慶則先爲長沙王義欣所舉，後爲江夏王義恭所用，太子劉劭弒立時，職任始興王濬衛軍長史。沈慶之則身份尷尬，雖爲文帝親信將領趙倫之所舉用，漸次展露頭角，但仍難打入親帝室軍方派系高層。〔註30〕且見慶之與蕭斌於二十七北伐時對話：

　　蕭斌以前驅敗績，欲死固碻磝，慶之曰：「夫深入寇境，規求所欲，敗退如此，何可久住。今青、冀虛弱，而作守窮城，若虜眾動過，

〔註25〕 相關論點參看陳金鳳、楊柄祥〈元嘉北伐新論〉《華中科技大學學報》卷 14 第四期，頁 59～61（2000）、張亞軍〈宋文帝論〉《廊坊師範學院學報》卷 19 第 3 期，頁 52～57（2003）。諸文於論述文帝數次北伐仍偏究其影響與結果分析。本文則認爲文帝北伐，屢敗屢伐，焉能述其未知戰情，爲求戰果背後，實有更深一層之政治因素，詳見本文內文所述。

〔註26〕 諸人事見《宋書》各傳內文，或參看本文表 4－1。

〔註27〕 宗慤事見《宋書》卷 76〈宗慤傳〉，頁 1972。內文曰：「先是，鄉人庾業，家甚富豪，方丈之膳，以待賓客，而慤至，設以菜葅粟飯，謂客曰：『宗軍人，慣噉粗食。』慤致飽而去。至是業爲慤長史，帶梁郡，慤待之甚厚，不以前事爲嫌。」

〔註28〕 諸人事見《宋書》各傳內文。

〔註29〕 魯爽事見《宋書》卷 74〈魯爽傳〉，頁 1924。

〔註30〕 相關論點參看唐燮軍《六朝吳興沈氏及其宗族文化研究》，頁 275。

清東非國家有也。磽磕孤絕，復作朱脩之滑臺耳。」會詔使至，不許退，諸將並謂宜留，斌復問計於慶之，慶之曰：「閫外之事，將所得專，詔從遠來，事勢已異。節下有一范增而不能用，空議何施。」斌及坐者並笑曰：「沈公乃更學問。」慶之屬聲曰：「眾人雖見古今，不如下官之耳學也。」〔註31〕

由上述可知，諸將皆謂宜留，詔使亦至，斌豈真心復問計慶之，偏問慶之之意，實乃欲鋪恥笑慶之梗矣。最後慶之惱怒屬聲於當座眾將，更可看出慶之於中央軍方處於邊緣地位，既非北府區域內地方軍系將領所認同，又難融入中央軍方主流派系，更別說讓文帝親信將領蕭斌瞧得上眼了。又見北伐前慶之諫文帝一事：

二十七年，遷太子步兵校尉。其年，太祖將北討，慶之諫曰：「馬步不敵，爲日已久矣。請舍遠事，且比檀、到言之。道濟再行無功，彥之失利而返。今料王玄謨等未於踰兩將，六軍之盛，不過往時。將恐重辱王師，難以得志。」上曰：「小醜竊據，河南修復，王師再屈，自別有以；亦由道濟養寇自資，彥之中塗疾動。虜所恃唯馬，夏水浩汗，河水流通，泛舟北指，則磽磕必走，滑臺小戌，易可覆拔。克此二戌，館穀弔民，虎牢、洛陽，自然不固。比及冬間，城守相接，虜馬過河，便成禽也。」慶之又固陳不可。丹陽尹徐湛之、吏部尚書江湛並在坐，上使湛之等難慶之，慶之曰：「治國譬如治家，耕當問奴，織當訪婢。陛下今欲伐國，而與白面書生輩謀之，事何由濟。」上大笑。〔註32〕

上大笑，笑謂何事？當是笑以慶之身份，竟反咬親信江、徐二人一口。當然慶之語至道濟、彥之處，自是觸及文帝痛處，故上乃有之後應對。唯慶之言王玄謨等，當不盡然如事實，玄謨先鋒無異，但實際總統指揮者乃蕭斌，特書玄謨，蓋史冊載記又一拉抬說法矣。〔註33〕

　　觀玄謨與慶之皆處親帝室將領派系內邊緣地位。假若文帝視彥之、蕭思話與蕭斌等爲爪牙；玄謨、慶之實乃鷹犬耳。爪牙失其鋒利尚可修磨，鷹犬

〔註31〕《宋書》卷77〈沈慶之傳〉，頁1999～2000。

〔註32〕同上註，頁1998～1999。

〔註33〕相關論點參看李則芬《中外戰爭全史（二）》，頁538（臺北：黎明出版，1985）。文中並提二十七年北伐主將爲蕭斌、劉義恭、劉鑠三人。

未順主意自當受罰待誅。慶之與思話同樣反對此次北伐，獨遣人為難慶之，二十九年更不使北出。反觀思話卻於北伐後，代孝武為監徐兗青冀四州豫州之梁郡諸軍事、輔軍將軍、徐兗二州刺史，二十九年再次統眾軍北討。另見玄謨陳北侵之策一事：

> 玄謨每陳北侵之策，上謂殷景仁曰：「聞王玄謨陳說，使人有封狼居胥意。」〔註34〕

觀玄謨因屢陳北侵之策，正合文帝主戰之意，故二十七年起為北伐前鋒，玄謨實非親帝系軍方派系的重要成員，只能說是恰順主上心意而用之。後見其兵敗，斌欲斬玄謨一事：

> 玄謨攻滑臺，積旬不拔。虜主拓拔燾率大眾南向，斌遣慶之率五千人救玄謨。慶之曰：「玄謨兵疲眾老，虜寇已逼，各軍營萬人，乃可進耳，少軍輕往，必無益也。」斌固遣令去，會玄謨退，斌將斬之，慶之固諫乃止。太祖後問：「何故諫斌殺玄謨？」對曰：「諸將奔退，莫不懼罪，自歸而死，將至逃散。且大兵至，未宜自弱，故以攻為便耳。」〔註35〕

上詢問慶之語意，竟是何以勸斌不殺玄謨。可見玄謨是生是死，壓根不在文帝盤算內，反倒是坐戰敗未受罰，慶之又為之諫斌，著實讓文帝不解。

　　總論本節所述，元嘉年間文帝的屢次北伐，意欲親樹如道濟般具號招力之軍方將領。這樣深受皇帝親賴的軍方領袖，入內堪任禁軍要職，作為捍衛皇權的屏障，出則領方要重鎮，挾外護中。初始藉荊州舊屬彥之北伐，期分道濟於諸軍之威望，後又重用外戚蕭氏一門，冀求親帝室將領能發揮爪牙之用。唯元嘉末北伐皆連失利，蕭氏一門暫離軍方高層舞台，乃不得不啓用另一批將門武人專事征伐。觀元嘉年間北來豪族，除具有可觀的部曲戰力，亦於元嘉末漸居軍事上重要的地位。而義恭久居宰輔，雖無昔日義康權傾之勢，唯身居大將軍職，朝野軍方不免仍具其所屬任諸將。另吳興沈氏本非文帝屬意培植之親信將領，處於親帝系軍方將領邊緣地位，但於時西陽五水蠻之患，賜予慶之翻盤之機。正如事後慶之所作詩內云：「微命值多幸，得逢時運昌。朽老筋力盡，徒步還南崗。辭榮此聖世，何媿長子房。」〔註36〕討蠻乃慶之

〔註34〕《宋書》卷76〈王玄謨傳〉，頁1973。
〔註35〕《宋書》卷77〈沈慶之傳〉，頁1999。
〔註36〕同上註，頁2003。

駕輕就熟之老本行，二十九年伐西陽蠻亦爲其初次節度諸軍，恰遇太子劭弒帝自立，遂率討蠻諸軍擁駿起義抗令中央，成就孝武一朝大業，後又每請辭事，當自比張良而無愧了。

透過本節當可明白太子劭夥同蕭斌篡弒之背後意涵，乃是尋求部份親帝系將領的支持，且進一步瞭解義恭對於新朝軍政之作用與重要性。觀太子劭篡弒背後所擁有的武裝力量，除了原東宮蓄養宿衛死士外，禁軍與一部份親帝室將領亦爲其所倚仗之武力。元嘉年間，這批文帝所信賴的將領應爲軍方主流派系，他們在軍方的地位無異優於魯爽、魯秀等北來豪族，與南下討蠻的諸地方將領。唯隨著北伐屢屢戰敗，由是重辱王師，難以得志，戰力愈是低迷。進而致使元嘉末其他政治背景之武人漸次展露頭角，原軍方主流派系極可能因此地位動搖，亦間接說明之後劭政權爲何積極拉攏魯氏兄弟支持，又急欲掌控討蠻諸軍之武力了。

第三節　諸鎮舉兵與孝武建義

誠如前兩節所述，劭政權不僅具備強大武力做爲後盾，並佔有京畿天府。故敢於政權初始即頒詔令，轉遷諸方鎮宗王。此舉亦遭受諸鎮直接的反彈。總統討蠻軍諸帥的江州刺史武陵王駿率先舉鎮反劭，見駿遣慶之招諸軍起義一事：

> 三十年正月，世祖出次五洲，總統羣帥，慶之從巴水出至五洲，諮受軍略。會世祖典籤董元嗣自京師還，陳元凶弒逆，世祖遣慶之還山引諸軍，慶之謂復心曰：「蕭斌婦人不足數，其餘將帥，並是所悉，皆易與耳。東宮同惡不過三十人，此外屈逼，必不爲用力。今輔順討逆，不憂不濟也。」眾軍既集，假慶之征虜將軍、武昌內史，領府司馬。慶之及柳元景等並以天下無主，勸世祖即大位，不許。賊劭遣慶之門生錢無忌齎書說慶之解甲，慶之執無忌白世祖。〔註37〕

事實恐難如慶之所言，若東宮同惡眞不過三十人，何來外所屈逼？胡三省且認爲慶之所言，意在穩定軍心，提諸人義勇之氣。〔註38〕觀世祖遣慶之

〔註37〕《宋書》卷77〈沈慶之傳〉，頁2000。
〔註38〕《通鑑》卷127宋文帝元嘉三十年（453），頁3992。

還山引諸軍一事即可知，於時討蠻諸軍尚未明瞭京城局勢，自是慶之必先
散播同仇敵愾之言論，塑造出敵弱我強之局勢，如此當能確保諸軍歸於一
心，一心於申孝義，恃強滅弱，輔順討逆，成孝武之大事。又觀孝武檄京
邑曰：

> 昔周道告難，齊、晉勤王……志梟元凶，少雪仇恥。今命冠軍將
> 軍領諮議中直兵柳元景、寧朔將軍領兵中直兵馬文恭，統勁卒三
> 萬，風馳徑造石頭，分趨白下。輔國將軍領諮議中直兵宗愨等，
> 勒甲楯二萬，征虜將軍領司馬武昌內史沈慶之等，領壯勇五萬，
> 相尋就路。支軍別統……凡此諸帥，皆英果權奇，智略深贍，名
> 震中土，勳暢遐疆。幕府親董精悍一十餘萬，授律枕戈，駱驛繼
> 進。司徒叡哲淵謨，名震中土，赫然震發，徵甲八州，電起荊郢。
> 冠軍將軍臧質忠烈協舉，雷動漢陰。冠軍將軍朱脩之誠節亮款，
> 悉力請奮。荊、雍百萬，稍次近塗……又平西將軍遵考、前撫軍
> 將軍蕭思話、征虜將軍魯爽、前寧朔將軍王玄謨，並密信俱到，
> 不契同期，傳檄三吳，馳軍京邑，遠近俱發，揚旆萬里。〔註39〕

倘若眞如檄文所言，由劉駿所掌控的討蠻諸軍人數竟多達十餘萬之譜。唯究
孝武討元凶檄文用意，乃欲公告海內四方，義軍既起孝義，望天下人勿爲僞
朝所用。就撰寫者的意識而言，自是冀望於檄文內義軍壯盛軍容傳遍中央與
諸地方後，使舉棋不定或趨炎附勢之輩倒向義軍陣營，另透過檄文內描述之
義軍軍陣，亦收撼懾元凶黨徒之效。故太子劭背後所擁之武力或軍隊人數，
劣於孝武檄文內之義軍軍容是可以肯定的。

但這批本用於討蠻後作爲申討元凶的義軍主力，實際人數眞有如檄文所
述嗎？首先可從顏竣於孝武舉鎮聲討太子劭前，與沈慶之的一場爭辯中視出
端倪：

> 府主簿顏竣曰：「今四方未知義師之舉，劭據有天府，若首尾不相應，
> 此危道也。宜待諸鎮協謀，然後舉事。」慶之屬聲曰：「今舉大事，
> 而黃頭小兒皆得參預，何得不敗！宜斬以徇！」王令竣拜謝慶之……
> 於是專委慶之處分。旬日之間，內外整辦，人以爲神兵。〔註40〕

駿府主簿顏竣乃撰寫申討元凶檄文者，但此前卻認爲以元兇政權之武力，與

〔註39〕 《宋書》卷99〈二凶傳〉，頁2429～2430。
〔註40〕 《通鑑》卷127文帝元嘉三十年（453），頁3393～3394。

據有京城天府的情勢下，貿然起義舉兵當頗具危險性。說穿了，就是單以討蠻諸軍之武力，如無其他諸鎮共謀起事，起義極有可能自陷險境矣。再者，據近人研究指出，元嘉二十七年間宋魏的相互攻伐，魏軍三路反攻，不過數萬人。〔註 41〕充其量不多出十萬人的北魏軍，竟撼動京城，搞的人心惶惶。另見魯爽兄弟引部曲北來，方六千餘人，竟成雍州地方重要軍力。最後觀元嘉末文帝特加東宮實甲萬人預防其他政治勢力窺視皇權一事。從上述諸例可得以下推論，先就元嘉末加東宮實甲萬人一事而言，足證萬餘人之東宮兵加上京城宿衛羽林軍力，按文帝認知尚能遷制或是防備境內各種可能危及皇權之勢力。二則是如宋境內且能發十餘萬人討蠻，卻對北魏兵分三路南下又加總不滿十萬之軍力束手無策，甚不合理。故本文推測，討蠻諸軍實際人數並非如檄文所言誇大，更有可能少於元凶所擁之軍力。

　　論述起義諸軍之兵力後，亦可於檄文內容扼要的劃分諸起義方鎮勢力。見荊州刺史義宣與雍州刺史臧質起義一事：

> 自謂人才足為一世英傑，始聞國禍，便有異圖，以義宣凡闇，易可制勒，欲外相推奉，以成其志。及至江陵，便致拜稱名……義宣驚曰：「君何意拜弟？」質曰：「事中宜然。」時義宣已推崇世祖，故其計不行。〔註 42〕

雖言義宣已推崇世祖，故其計不行。但見臧質潛報本鎮伐蠻將領柳元景西還一事：

> 初，臧質起義，以南譙王義宣闇弱易制，欲相推奉，潛報元景，使率所領西還。元景既以質書呈世祖，語其使曰：「臧冠軍當是未知殿下義舉爾。方應伐逆，不容西還。」質以此恨之。〔註 43〕

元景直接逾越頂頭上司臧質輸誠於孝武，豈是精通賭博盤算又好言兵術權謀的質所以恚恨之主因。〔註 44〕所恨為元景所統之軍力不還，其計自當不行。由此看來最主要的原因，當是部份荊、雍主力先於二十九年伐西陽蠻出鎮，後皆掌握於孝武、慶之手下，故而作罷。另觀竟陵王誕未列於檄文起義者內，更可應證本文此前所論，誕初時之立場當偏於元凶政權。也難怪孝建年間孝

〔註 41〕相關論點參看李則芬《中外戰爭全史（二）》，頁 538。
〔註 42〕《宋書》卷 74〈臧質傳〉，頁 1915。
〔註 43〕《宋書》卷 77〈柳元景傳〉，頁 1988。
〔註 44〕《宋書》卷 74〈臧質傳〉，頁 1910。內文曰：「質少好鷹犬，善蒲博意錢之戲。」

武、誕兄弟反目時，特將討伐元凶一事引來說嘴，相互攻訐指責。先見孝武使有司奏誕內文：

> 謹按元嘉之末，天綱崩褫，人生哀憤。司空竟陵王誕義兼臣子，任居藩維。進不能泣血提戈，忘身徇節；退不閉關拒險，焚符斬使。遂至拜受偽爵，欣承榮寵，沈淪姦逆，肆於昏放。〔註45〕

又觀世祖遣慶之討誕，誕據城奉表之內容：

> 上乃遣車騎大將軍沈慶之率大眾討誕……誕奉表投之於城外，曰：「往年元凶禍逆，陛下入討，臣背凶赴順，可謂常節。及丞相構難，臧、魯協從，朝野怳惚，感懷憂懼，陛下欲建百官羽儀，星馳推奉，臣前後固執，方賜允俞，社稷獲全，是誰之力……臣有何過，復至於此，陛下宮帷之醜，豈可三緘。臨紙悲塞，不知所言。」〔註46〕

由雙方書文內容看來，誕應是先受元凶偽爵，後因局勢轉變，方倒向義軍陣容。另於誕表內文可知，義宣與臧質表面上推孝武舉義，實則同駿為一丘之貉，故於孝武建義後，旋而舉鎮造反。

近人嘗試用地域關系與集團特性解釋孝武建義之結果，認為孝武能成功討伐元凶，雍州軍事力量扮演的重要角色。另雍州地域集團諸將領亦為之後討伐義宣、臧質與魯爽兄弟挾諸鎮叛亂主力，進而強調雍州地方軍將深受孝武親賴，亦是孝武一朝穩定的關鍵要素。〔註47〕首先本文認為此推論有倒果為因之嫌，實是根據陳寅恪所提荊雍楚子集團觀點的延伸論述。〔註48〕若著眼於六朝地方勢力發展之趨勢，將歷史時間拉長來看，或許相關的地域集團解釋尚屬合理。但從元嘉初至元凶篡弒而止的三十年間，實際上是否具有一結構完整的雍州軍事集團，又或者依現今歷史研究者所劃歸為雍州武裝集團

〔註45〕 《宋書》卷 79〈竟陵王誕傳〉，頁 2028。
〔註46〕 同上註，頁 2031～2032。
〔註47〕 相關論點參看章義和《地域集團與南朝政治》，頁 1～73、唐燮軍《六朝吳興沈氏及其宗族文化研究》，頁 278～281、何德章《魏晉南北朝史叢稿》〈宋孝武帝上台與南朝寒人之得勢〉，頁 445～46。張琳〈東晉南朝時期襄宛地方社會的變遷與雍州僑置始末〉《魏晉南北朝隋唐史資料》第 15 輯，頁 36～49（武昌：武漢大學出版社，1997）。張琳〈南朝時期的雍州中下層豪族〉《武漢大學學報》，頁 76～80（武昌：武漢大學出版社，1997）。韓樹峰《南北朝時期淮漢迤北的邊境豪族》〈雍州豪族與宋梁政治〉，頁 121～165（北京：社會科學文獻，2003）。
〔註48〕 參看前引萬繩楠書〈楚子集團與江左政權的轉移〉，頁 195～217。

之諸豪帥，是否並俱相同的集團意識，即是將領本身認同自己屬於同一地域集團，本文則持保留的態度。唯見孝武親信顏竣擔心的是，諸鎮本非同心，又討蠻諸軍將領若各持異見，事則難成。想必慶之引諸軍下山前已然與諸將談妥，由是力駁竣意，聲討元凶。究竟談妥了啥呢？且觀孝武反悔不任柳元景雍州刺史一事：

> 上至新亭即位，以元景為侍中，領左衛將軍，轉使持節、監雍梁南北秦四州荊州之竟陵隨二郡軍事、前將軍、寧蠻校尉、雍州刺史。上在巴口，問元景：「事平，何所欲？」對曰：「若有過恩，願還鄉里。」故有此授。初，臧質起義，以南譙……質以此恨之。及元景為雍州刺史，質慮其為荊、江後患，建議爪牙不宜遠出。上重違其言，更以元景為護軍將軍，領石頭戍事，不拜。徙領軍將軍，加散騎常侍，曲江縣公，食邑三千戶。〔註49〕

雍州刺史一職最終仍由朱脩之出任。觀孝武與元景對答，若為隨口所問，元景怎會強調若有過恩；所謂的「過恩」，即是助孝武敗元凶，而打頭陣的條件則是衣錦榮歸鄉里。之後顯見孝武出爾反爾，不予雍州重鎮，以其為護軍將軍，元景索性不拜，再再述出兩人有約於先。對總率前鋒十三軍的元景尚且這般，薛安都、宗慤等將又豈如質所言，真為孝武親信爪牙。且觀世祖於舉義時臥病情景：

> 世祖發尋陽，便有疾，領錄事自沈慶之以下，並不堪相見，唯竣出入臥內，斷決軍機。時世祖屢經危篤，不任咨稟，凡厥眾事，竣皆專斷施行。〔註50〕

據此可知於孝武建義初時，唯入侍在旁的顏竣一人受其親賴，討蠻諸將中真正能倚仗的亦同夥慶之一人而以。諸鎮派出的討蠻軍將實非駿之親信黨羽，並於孝武遣元景、宗慤諸軍做為征伐元凶戰事第一線可略知一二。故駿欲獲取諸軍將領擁戴，操控討蠻諸軍起義，尚須塑造出敵弱我強之局面，並以孝義名份做為號召，號倡諸軍輔順討逆。另針對討蠻軍中較重要之將領，則先以優渥條件換取支持。唯新亭一戰義軍轉瞬顛覆元凶朝，事後孝武拔擢親信與親樹諸異姓鎮將之政策，則不在本文研究範圍內了。

〔註49〕《宋書》卷77〈柳元景傳〉，頁1988。
〔註50〕《宋書》卷77〈顏竣傳〉，頁1960。

第四節 末 路

　　孝武協同討蠻諸軍舉兵，諸方鎮宗王並隨起義。而環伺諸鎮，除隨王誕動向不明外，地方上支持偽劭政權的唯廣州一鎮。見蕭斌弟簡據廣州一事：

> 斌弟簡，歷位長沙內史。廣陵王誕爲廣州，未之鎮，以簡爲安南諮議參軍、南海太守，行府州事……世祖入討元凶，遣輔國將軍、南海太守鄧琬討簡，固守經時，城陷伏誅。〔註51〕

廣州亦是於誕未至，由蕭斌弟代行府州事。但正如前節所言，劭（元凶）政權軍勢尙強過諸鎮起義兵，故劭好似臨危不亂，胸有成竹。且觀劭知諸鎮起義後所言：

> 劭自謂素習武事，語朝士曰：「卿等但助我理文書，勿措意戎陳。若有寇難，吾當自出，唯恐賊虜不敢動爾。」司隸校尉殷沖掌綜文符，左衛將軍尹弘配衣軍旅，蕭斌總眾事。中外戒嚴。防守世祖子於侍中下省，南譙王義宣諸子於太倉空屋。〔註52〕

義軍頓時成爲劭（元凶）口裏的賊虜。由引文亦可知劭政權核心人物乃爲殷沖、尹弘與蕭斌等人。將駿、義宣諸子軟禁，當作與義軍談判政治籌碼，甚是合理，唯透露一訊息，即是諸鎮串連同反中央，實出劭本人意想之外。考量內外局勢，自當語朝士信心滿滿之言論，以穩人心。處如此局勢下，既無法如先前除去諸厭惡皇室成員般，盡殺了事，只好暫禁駿、義宣諸子。劭後使濬與孝武書，勸其歸降，並遣慶之門生望其解甲，亦可知劭所忌爲駿與慶之統握之諸鎮伐蠻軍。而伐蠻軍主力亦是由三鎮主要軍力所組成。於義軍歸降無期無望後，劭方欲殺三鎮士庶家口。見義恭、何尚之勸劭一事：

> 劭欲殺三鎮士庶家口，江夏王義恭、何尚之說之曰：「凡舉大事者，不顧家口。且多是驅逼，今忽諸其餘累，正足堅彼意耳。」劭謂爲然，乃下書一無所問。使褚湛之戍石頭，劉思考鎮東府。〔註53〕

歷奉三朝，文帝、義康之後，身兼皇室之長與前朝軍政要員的義恭，終於在史書裏的偽朝第一次發聲，也闡明義恭人在曹營，心在漢之情。此後亦見義恭潛劭朝每救義軍於危難的發言。當然義恭所言是否端從義軍角度出發，只

〔註51〕《宋書》卷78〈蕭思話傳〉，頁2018。
〔註52〕《宋書》卷99〈二凶傳〉，頁2431。
〔註53〕同上註。

有其心可知了。但眼下義恭、尚之言論正合劭意，更應證本文前論，劭至此時仍未斷勸降之意，亦憂兵戎相見後果難料。

爾後濬及蕭斌勸劭勒水軍自上決戰，若不敵，則保據梁山。江夏王義恭則慮義兵倉卒，船舫陋小，不宜水戰，又進一策：

> 賊駿少年未習軍旅，遠來疲弊，宜以逸待之。今遠出梁山，東軍乘虛，容能爲患。若分力兩赴，則兵散勢離。不如養銳待期，坐而觀釁。〔註54〕

蕭斌則力持異議：

> 南中郎二十年少，業能建如此大事，豈復可量。三方同惡，勢據上流，沈慶之甚練軍事，柳元景、宗愨屢嘗立功。形勢如此，實非小敵。惟宜及人情未離，尚可決力一戰，端作臺城，何由得久。主相咸無戰意，此自天也。〔註55〕

由上述對話可知，三方同惡共擁孝武據反，實無復可量，駿能在如此短暫的時間整合討蠻諸軍，已脫劭政權初估推算。京城中央軍力雖仍具優勢，但形勢已非劭所想樂觀，於會稽誕之向背尚未明朗前，分軍離勢可能更增兇險。故劭未納斌言，又疑朝廷舊臣悉不爲己用，實證重用義恭等人乃政局使然，劭豈會眞納其意。唯官僚體系或是軍事系統可能都並具義恭舊屬，劭更擔心的是，若自出京畿區域迎敵，未戰則京城先起變卦。若說主相兼無戰意，此時的劭豈會不求一戰退敵，而義恭既於劭政權尚居相位，諸子並爲人質，豈又會心繫義軍成敗，反倒是義軍事成，尚憂相位不保。

劭另自選了一批善戰將領，如王羅漢、魯秀等，委以兵事並厚待之。日日自出行軍，慰勞將士，親督水治船艦，焚南岸，驅百姓家悉度水北。又見劭與勸其保石頭城者語：

> 或勸劭保石頭城者，劭曰：「昔人所以固石頭，俟諸侯勤王爾。我若守此，誰當見救。唯應力戰決之，不然不剋。」〔註56〕

由是可知，劭除瞭解當前局勢，亦深知不免一戰矣。再觀義恭事，其心眞奉誠孝義邪？那爲何要等到元兇軍勢敗退後，方謀據石頭城？假如初始本意即心繫義軍，何所不南逃？偏等劭與義軍戰事結束，倉惶歸向勝出一方。由其

〔註54〕《宋書》卷99〈二凶傳〉，頁2431。

〔註55〕同上註，頁2432。

〔註56〕同上註。

單騎出奔即可知，劭單純的可憐，可憐其以為厚待義恭，且禁義恭諸子，如義恭惦記親情，又保有權位，尚能獲取義恭為新朝盡心歇力。無奈義恭既不惦諸子死活，自然連佐史義故兩千餘人也死不足惜了！劭於甚怒之餘，痛下殺手。這些未獲義恭通報的佐史義故，知義恭奔義軍後，旋隨之南奔，但多為追兵所殺。劭並遣濬誅義恭諸子。見之後劭被防送軍門時，義恭與之語：

> 義恭詰劭曰：「我背逆歸順，有何大罪，頓殺我家十二兒？」劭答曰：
>
> 「殺諸弟，此事負阿父。」〔註57〕

正如今人難解元凶為何弒君父般，劭亦難以理解義恭何以棄諸子於不顧。唯見眼下劭未及敗前，義恭於京城的佐史義故至少兩千餘眾，若真謀南奔，豈是難事，後義恭又趁劭新敗欲取石頭，自然應證此前劭何以不納斌之意了。總的來說，義恭扮演的角色與處境甚是微妙，因其具前朝軍政要職與皇室背景的關係，每居新、舊朝重要的政治地位，但可知其最掛念的絕非申孝義，亦非護親情。義恭的舉動只可說是順勢而為，且見風轉舵，唯在乎自身權位的存亡。也難怪劭面對義恭的詰問，且言其弒諸弟負阿父，而不與其爭論順逆向背了。

　　觀義軍與偽朝戰事則實分為兩方面進行，應對討蠻起義軍的西南面則是主戰場，成敗定於一役。東面戰事見史書所述：

> 先遣太保參軍庾道，員外散騎侍郎朱和之，又遣殿中將軍燕欽東拒
> 誕。五月，世祖所遣參軍顧彬之及誕前軍，並至曲阿，與道相遇，
> 與戰，大破之。〔註58〕

戰是戰敗了，但為何史書載記特言孝武所遣參軍顧彬之？本文前已述及誕先受劭爵，立場游移於義軍與劭政權兩端，且待下章節詳述誕之情況。反觀西面新亭一役，且見戰事過程：

> 十九日，義軍至新林，劭登石頭烽火樓望之。二十一日，義軍至新
> 亭。時魯秀屯白石，劭召秀與王羅漢共屯朱雀門。蕭斌統步軍，褚
> 湛之統水軍。二十二日，使蕭斌率魯秀、王羅漢等精兵萬人攻新亭
> 壘，劭登朱雀門躬自督率，將士懷劭重賞，皆與之力戰。將克，而
> 秀斂軍遽止，為柳元景等所乘，故大敗。劭又率腹心同惡自來攻壘，
> 元景復破之，劭走還朱雀門，蕭斌為流矢所中。褚湛之攜二子與檀

〔註57〕《宋書》卷99〈二凶傳〉，頁2438。
〔註58〕同上註，頁2434。

和之共同歸順。劭駭懼，走還臺城。其夜，魯秀又南奔。〔註59〕
戰情發展本是順利，受其厚待的嫡系軍力，各效死力，眼看義軍堡壘將失，
卻因魯秀鳴退鼓，導致戰線崩潰。〔註60〕此戰無疑決定了劭與其短促新朝的
命運。昔日驍勇戰將並於無可奈何下，也只能昏酣作伎，任憑義軍登岸進城。
〔註61〕之後元兇面臨的是眾散親離的無奈、人心惶惶的京城、一口枯井與軍
門前的一場生離死別。〔註62〕就在劭、濬及其親屬梟首大航，暴尸於市的情
況下，終結了這場歷來所無，慘絕倫綱的弒帝政變，也注定了劭政權不為後
世所認，與劭所須揹負千載的「元凶」罵名。

〔註59〕《宋書》卷99〈二凶傳〉，頁2434。
〔註60〕新亭戰事見《宋書》卷77〈柳元景傳〉，頁1987～1988。
〔註61〕《宋書》卷99〈二凶傳〉，頁2434。
〔註62〕事見《宋書》卷99〈二凶傳〉，頁2434～2435、2438～2439。

第五章　元凶形象塑造與正統論述

　　本章將分爲兩個主軸論述，一是於元兇黨徒弒帝奪位後，武陵王駿與諸方鎮起義反抗劭政權的過程，諸鎮反抗中央至孝武建義即位的時間點內，從史書文本裏尋出時人對元凶弒帝奪位，乃至孝武討逆建義的看法與觀點。並審視劭政權內部、義軍陣營與當世眾人於此一事件過程裏的想法與作爲，論述出史書文本所載記之元凶形象與史實情況之差異。二則是分析史書文本所建構元凶形象，探究成功推翻劭政權的孝武陣營，對失敗一方的形象製造與加工之過程。

第一節　時人觀點

　　都城京邑外的淮水南岸，〔註1〕土壤中似乎還聞的到一絲絲焦味，未燒盡的屋舍仍飄出裊裊黑煙，一片死寂的河岸讓明明還是五月的夏日瀰漫秋季肅殺之氣。〔註2〕而都城內，臨時在軍門所設刑場中，此起彼落的咒罵聲與詰難聲讓其中一名等待受刑者感到不耐，不久之前四個孩兒才早他先走一步，個性桀驁的父親親眼目睹慘狀後，也不免向觀刑的兄弟述出感嘆之情。〔註3〕「虎頭可否安好？」會想到濬，當是自幼及長便相隨左右，不僅是政途上的好夥

〔註1〕 劉淑芬《六朝的城市與社會》，頁135。六朝時秦淮河南北都屬京邑範圍，「京邑二岸」的北岸爲建康縣、南岸則爲秣陵縣之代稱。

〔註2〕 《通鑑》卷127宋文帝元嘉三十年（453），頁3996、3998。劭先聞各地舉義兵，遷淮南居民於北岸；後又焚淮南岸室屋、淮內船舫，悉驅民家渡水北。

〔註3〕 《宋書》卷99〈二凶傳〉，頁2439。劭知四子見殺，謂南平王鑠曰：「此何有哉。」

伴；當初呪詛事發之時，濬更復與己預謀，二弟可是個寧願切割母子關係，也要跟隨自己的好兄弟。〔註4〕實無料想大事一成竟不過半載便淪落至此。〔註5〕萬千感慨似乎攪動著將死之人的思緒，旁觀者由其絕世之語便看可出些許端倪。〔註6〕

元嘉末的皇室權力爭奪，元凶篡弒奪位無疑是個開端，其下場亦只是日後劉宋皇室手足間一幕幕血腥殺戮的寫照。正如時人所言：「遙望建康城，小江逆流縈，前見子殺父，後見弟殺兄。」〔註7〕時人面對元嘉末年的皇權鬥爭尚且理不出個頭緒。〔註8〕唯霧裏看花之際，由話語中透露出人們對皇城高牆內盡顯於外之事的看法。那麼世人究竟如何看待元凶弒帝奪位一事呢？劉駿協同諸方鎮反劭政權，真是爲孝義所舉兵嗎？本章將討論當朝社會各階層對元凶巫蠱弒帝與義軍入討的看法；據此並有助於釐清劭、濬東宮黨人在文本裏建構之形象，是否與現實存有落差。見下文論述。

〔註4〕 同上注，頁2429、2436。世祖檄京邑曰：「夫運不常隆，代有……賊濬險躁無行，自幼而長，交相倚附，共逞姦回。先旨以……未知其極。」具檄文可知劭濬「自幼而長，交相倚附」。又《宋書》〈二凶傳〉謂濬母潘淑妃有寵於帝，專總內政。初，元皇后（劭生母）性忌，因潘氏見幸，竟憤恨而卒，劭因此深疾潘氏及濬；濬乃曲意事劭，劭與之逐善。但《通鑑》宋文帝元嘉二十九年，頁3976。胡三省考異則提出濬另爲潘氏之養子說法，稱淑妃養爲子，淑妃愛濬，濬心不附。總的來說孝武討劭檄文曰「自幼而長，交相倚附」當屬實情。虎頭爲始興王濬小名。

〔註5〕 啓元嘉三十年正月劭弒帝奪位至五月兵敗伏誅，不過半載。

〔註6〕 《宋書》卷99〈二凶傳〉，頁2439。元凶劭臨刑歎曰：「不圖宗室一至於此。」

〔註7〕 北齊·魏收《魏書》卷97〈島夷劉裕傳〉，頁2142。駿乃僭即大位于新亭。於是擒劭、休明，並梟首大桁，暴屍於市，經日壞爛，投之水中，男女妃妾一皆從戮。時人爲之語曰：「遙望建康城，小江逆流縈，前見子殺父，後見弟殺兄。」

〔註8〕 面對南朝皇權與政治的課題，今已有諸多學者嘗試於異同角度論述之。小尾孝夫〈劉宋前期における政治構造と皇帝家の姻族・婚姻関係〉《歷史》第100輯，頁1～26（2003），則提及文帝因義康事件後逐漸重用外戚，並藉通婚吸納信任之士族而補充宗室的不足、安定政權基礎。唐長孺《講義三種》〈東晉南朝在江南的統治·江南社會經濟的發展〉，頁89（北京：中華書局，2011）文中則認爲公元453年由於皇族爭權奪位與450年以後劉宋對外戰爭失敗，致使政局走向下坡。吳慧蓮〈六朝的君權與政制演變〉文中談及君權與政制演變，並論宗室出鎮掌握地方軍權的政策，引發骨肉相殘悲據，導致政局動盪敗亡。綜合諸文來解釋劉宋元嘉末政局動盪亂象，可歸於武帝延續兩晉時期遣宗王出鎮政制癥結之突顯。雖歷經文帝時期漸次轉向皇子或信任之外戚宗室出鎮，但宗室出鎮控制地方軍權後，仍導致地方與中央之衝突，因而當中央政局動盪時，每每引起方鎮宗室挾地方兵權介入。

　　於當世眾人眼中自然不乏有為文帝遭弒境遇感傷，或將此事看作孝義淪喪之正義論述。如沈璞在知文帝被弒後：

> 三十年，元凶弒立，璞乃號泣曰：「一門蒙殊常之恩，而逢若斯之運，悠悠上天，此何人哉。」日夜憂歎，以至動疾。〔註9〕

又見郭世道子原平得知文帝被弒時之情景：

> 太祖崩，原平號哭致慟，日食麥粄一枚，如此五日。人或問之曰：「誰非王民，何獨如此？」原平泣而答曰：「吾家見異先朝，蒙褒贊之賞，不能報恩，私心感慟耳。」〔註10〕

從上諸例可析出兩點：一為凡此兩例，當事者皆先蒙「殊常之恩」、「褒贊之賞」；即曾受文帝私恩，方有憾慟傷感之舉恰和人情。另為原平例中旁人所問「誰非王民，何獨如此？」文意背後顯露的是郭原平此情此舉當為特例與普世之情實為迥異。〔註11〕王民們所看到的是，前有「子殺父」，後見「弟殺兄」；所感的是，有如江水「逆流縈」般，屢屢以下弒上至親手足相殘的皇權爭奪。再就《魏書·島夷傳》時人對事件的論述，從文句架構排比論之，「前」為時序，「子」即為「反」，「父」為「正」；「後」亦為時序，又見「弟」為「反」，「兄」反為「正」。至是孝武帝建義實與元凶取得政權手法如出一轍。〔註12〕唯劭因弒父奪位，有違儒家孝道思想在先，然孝武舉方鎮討劭於時人視之，實難論為首建大義。

〔註 9〕　《宋書》卷 100〈自序〉，頁 2465。唐燮軍《六朝吳興沈氏及其宗族文化研究》，頁 269～270。唐氏認為璞實參與二凶之亂。

〔註10〕　《宋書》卷 91〈孝義〉，頁 2245。

〔註11〕　相關論點參看蒙思明《魏晉南北朝的社會》〈世族影響下的風尚〉頁 123～131，（上海：上海人民出版社，2006）。盧建榮〈五至六世紀北朝鄉民社會意識〉《性別、政治與集體心態——中國新文化史》，頁 133～135（台北：麥田出版，2001）。另見唐長孺《魏晉南北朝史論拾遺》〈魏晉南朝的君父先後論〉，頁 235～250。則認為在門閥制度下培養起來的士大夫可以從家族獲取他所需一切，與王室的恩典無關，竟而對王室興亡漠不關心。可知門閥士族論孝乃是對其自身家族的。而唐氏更認為士族自晉以來提倡的孝行用來掩護其行為，故其對王朝興廢的漠視是必然的。顯然門閥士族在面對本文事件之看法是相異於基層鄉民意識的。

〔註12〕　參看呂思勉《中國制度史》〈政體〉，頁 270（上海：上海世紀出版，2005）。文中論革命之人有六：曰宗室，曰外戚，曰權臣，曰軍人，曰女主。此皆舊朝之戚屬，或其所委任，仍帶舊性質，不能名革命。且不論文中談革命之性質，仍可知劭、駿同屬「宗室」推翻原政權。

於論及時人觀感後，自當再觀義軍於建義前，針對事件本身的看法與意識。事實上，在劭弒文帝奪位後，各方鎮於舉義之初，仍有異同的立場面對此次因劭即僞位後的反動。如駿起兵前，駿府主簿顏竣與沈慶之的一場爭辯：

> 府主簿顏竣曰：「今四方未知義師之舉，劭據有天府，若首尾不相應，此危道也。宜待諸鎮協謀，然後舉事。」慶之屬聲曰：「今舉大事，而黃頭小兒皆得參預，何得不敗！宜斬以徇！」王令竣拜謝慶之……
> 於是專委慶之處分。旬日之間，內外整辦，人以爲神兵。〔註13〕

於劭即位後，曾手書密命沈慶之兵刃時爲江州刺史的武陵王駿，史言慶之俱與書信示駿，孝武則與慶之合力導演一齣孝義戲碼後，舉兵反劭。〔註14〕然而顏竣尚認此事有欠周詳。所謂何事？當是慶之所言「今舉大事」乃舉兵反劭也。胡三省以爲慶之能在短時間裏整辦內外，讓時人感爲神兵，乃舉義之時，託孝武神靈以昭神人之助順，啓諸方鎮赴義之心。〔註15〕如孝武建義，念茲孝忠，名正言順，又何須假託神人以便起事？當「大事」爲反劭成敗與否，非孝義能否創行。又見慶之於助孝武建大業後所作之詩：

> 微命值多幸，得逢時運昌。朽老筋力盡，徒步還南崗。
> 辭榮此聖世，何媿長子房。〔註16〕

張良既隨漢高祖逐鹿中原，終助劉邦擊敗秦末群雄。於孝武一朝自比張子房，慶之顯欲表述其助孝武於元凶弒帝後力退諸方鎮之角色地位，強調的是佐孝武建新朝之功業，也足證了本文所推論，眼下慶之所言的「大事」，絕非申討

〔註13〕《通鑑》卷127文帝元嘉三十年（453），頁3393～3394。

〔註14〕《通鑑》卷127文帝元嘉三十年，頁3393。劭密與沈慶之手書，令殺武陵王駿。慶之求見王，王懼，辭以疾。慶之突入，以劭書示王，王泣求入內與母訣，慶之曰：「下官受先帝厚恩，今日之事，惟力是視；殿下何見疑之深！」王起再拜曰：「家國安危，皆在將軍。」慶之即命內外勒兵。按《宋書》卷41〈后妃傳〉，頁1286。駿生母路淑媛年即長，無寵，常隨世祖出蕃。又見《宋書》卷6〈孝武帝紀〉，頁110。時緣江蠻爲寇，太祖遣太子步兵校尉沈慶之等伐之，使上總統眾軍。三十年正月，上出次西陽之五洲。會元凶弒逆，以上爲征南將軍，加散騎常侍。上率眾入討……並舉義兵。俱上，孝武率軍旅出陣討蠻，路淑媛豈隨往之？慶之如欲誅駿何須與之多言？又孝武豈非神通廣大，預知慶之欲見殺而懼之？蓋史書之疑點矣。

〔註15〕《通鑑》卷127文帝元嘉三十年（453），頁3393～3394。

〔註16〕《宋書》卷77〈沈慶之傳〉，頁1999。

孝義。當然這又和江夏王義恭所要傳達的意念與立場有所區別了。且見義恭十二子並為元凶所誅，後重立世子乃取名伯禽，胡三省則認為義恭以周公自居。〔註17〕周公自有平管、蔡之亂，安邦定國之勛業，可安的是前朝根基，平的是前朝之叛亂。若義恭真以周公自處，雖同侍孝武一朝，並歷經元凶篡弒事件，但兩人對事件所抱持的立場與觀感由為相異。

另視隨王誕於將受劭命時，參軍事沈正與司馬顧琛的談話：

> 隨王誕將受劭命，參軍事沈正說司馬顧琛曰：「國家此禍，開闢未聞。今以江東驍銳之眾，唱大義於天下，其誰不響應！豈可使殿下北面兇逆，受其偏寵乎！」琛曰：「江東忘戰日久，雖順逆不同，然強弱亦異，當須四方有義舉者，然後應之，不為晚也。」正曰：「天下未嘗有無父無君之國，寧可自安讎恥而責義於餘方乎！今正以弒逆冤酷，義不共載天。舉兵之日，豈求必全邪……況殿下義兼臣子，事實國家者哉！」琛乃與正共入說誕，誕從之。〔註18〕

誕時為會稽太守本欲受劭會州刺史之命，因沈正這番以古鑑今兼俱孝義的論述，由是感動司馬顧琛，使其忘「舉兵之日，豈求必全邪」之「全」，且求伸冤掛義，與之共勸誕，誕旋而起義。但事實非全然如此，亦可看出諸方鎮遊移於政治立場的選擇，絕非倡行大義如是單純。〔註19〕在看過舉著「孝義」旗幟進行政治反動諸例後，義軍裏更有藉政局動盪之際，冀有所圖之輩，如雍州刺史臧質與義宣共舉義兵時，便另有盤算：

〔註17〕《通鑑》卷130明帝泰始元年（465），頁4076。又《宋書》卷61〈武二王義恭傳〉，頁1653。義恭世子伯禽生於孝建三年，為世祖擬周公旦之子，魯公伯禽所命名，背後自含深遠政治意圖。

〔註18〕《通鑑》卷127文帝元嘉三十年（453），頁3996。

〔註19〕《宋書》卷79〈竟陵王誕傳〉，頁2026、2052。世祖入討，遣沈慶之兄子僧榮間報誕，又遣寧朔將軍顧彬之自魯顯東入，受誕節度。但見內文校勘一：宋本、弘治本、北監本、毛本無「誕節度」三字，殿本、局本有「節度兩字」，無「誕」字，今據南史補。又見同傳有司奏誕言：「謹按元嘉之末……司空竟陵王誕義兼臣子……進不能泣血伐戈，忘身徇節；退不能閉關拒險，焚符斬使。遂至拜受偏爵，欣承榮寵，沈淪姦逆，肆於昏放。」再者，沈僧榮事見《宋書》卷77〈沈慶之附僧榮傳〉，頁2005。按傳文，僧榮於孝建初屢建戰功，大明中，為兗州刺史。又孝武於起義初，兵事皆任慶之調度，即派其弟僧榮與顧彬之東入，重要性可見這般。按上述所言，誕當非單純因沈正之論述而歸孝武，乃迫於何種現實，今則難論。但就孝武後欲討誕，有司所奏，當可知其中並有隱情。

自謂人才足爲一世英傑,始聞國禍,便有異圖,以義宣凡闇,易可
制勒,欲外相推奉,以成其志。及至江陵,便致拜稱名……義宣驚
曰:「君何意拜弟?」質曰:「事中宜然。」時義宣已推崇世祖,故
其計不行。〔註20〕

臧質以外戚出鎮雍州,事發欲奉久治荊州的義宣。事雖不果,但其所「圖」
當非伸孝義討劭,乃是欲藉政局生變,諸方鎮舉兵之際,盼成個人志業。

　　都督江州之武陵王駿與討伐江蠻的沈慶之、荊州刺史南譙王義宣與雍
州刺史臧質、會稽太守竟陵王誕分別爲義軍主要成員。〔註21〕故,觀本文
上述諸例可略知起義主事者對事件之看法與動向。顯見的是,劉劭弒帝奪
取中央政權一事,淪作擁地方兵權自重的宗室成員舉方鎮脫離建康掌控行
個人意志之由,揮搖著「孝義」旗幟進行反中央的討伐戰。其中亦見望風
生變,陰有異圖之輩。今以後設角度視之,駿既敗劭,孝武謂爲正統,倡
行孝義的反劭論述自當名正言順,《宋書》各傳文裏以順討逆之論述載記比
比皆是。但在劭未及敗前,士人階層面對打著孝義口號討伐之義軍與中央
政權詔令相互糾葛,迫切面臨的是政治立場表態之窘境,如吳興太守周嶠
便因此慘遭兵刃:

劭加吳興太守汝南周嶠冠軍將軍。隨王誕檄亦至,嶠素恇怯,回惑
不知所從;府司馬丘珍孫殺之,舉郡應誕。〔註22〕

而宣城太守王僧達最後則選擇南奔:

三十年,元凶弒立,世祖入討,普檄諸州郡,又符郡發兵,僧達未
知所從。客說之曰:「方今釁逆滔天,古今未有,爲君計,莫若承義
師之檄,移告傍郡發兵……此策上也。如其不能,可躬率向義之
徒……致身南歸,亦其次也。」僧達乃自候道南奔,逢世祖於鵲頭,
即命長史,加征虜將軍。〔註23〕

僧達爲何於受檄文時未知所從?又何以選擇說客後計,不從上策?頗令人尋
味。其實從孝武討劭檄文可看出,僧達面臨爲保及五宗又不願招致中央討伐

〔註20〕 《宋書》卷74〈臧質傳〉,頁1915。
〔註21〕 《宋書》卷6〈孝武帝紀〉,頁110。竟陵王誕舉義兵事見《宋書》卷79〈竟陵王誕〉,頁2026。
〔註22〕 《通鑑》卷127文帝元嘉三十年(453),頁4000。
〔註23〕 《宋書》卷75〈王僧達傳〉,頁1952。

的窘境。〔註24〕而從周嶠例，可見其內心掙扎在法理與孝義親情之間，倒是丘珍孫一不做二不休的舉郡歸向義軍陣營。〔註25〕

　　觀前文並知義軍、官僚體系與當世百姓等，面對突然其來的政權轉變，各具迴異的觀點與處理態度。而劭政權在創建初時，集團內部亦正積極的建構政權正統性與合法性。可見集團首腦於會議席間對改元之爭論：

> 劭即僞位，爲書曰：「徐湛之、江湛弒逆無狀，吾勒兵入殿，已無所及，號慟崩衄，肝心破裂。今罪人斯得，元凶克殄，可大赦天下。改元嘉三十年爲太初元年……初始蕭斌作詔，斌辭以不爲，乃使侍中王僧綽爲之……斌曰「舊踰年改元。」劭以問僧綽，僧綽曰：「晉惠帝即位，便改號。」劭喜而從之。〔註26〕

這裏值得關注的是，江湛、徐湛之均被東宮黨人敘述爲「元凶」。事實上，也可視爲劭黨欲述諸其政權合法性所做的努力。作詔當下，劭、濬東宮黨人行徑反成以孝義伸討逆黨的義舉。對後世而言，倘若劉劭政權立於不敗，實無法想像，今從史書文本論「元凶」、「二凶」當爲何人也？又照史書所言，蕭斌因參與弒帝而居心不安，於良心譴責之際辭以不文，隨著《宋書》裏的正統論述，觀其前後文敘事導向當是合情合理。唯本文尚且認爲蕭斌可謂用心良苦。文帝親黨首重江、徐兩人與王僧綽，蓋誅江、徐後，反藉己不文，欲意本爲政治立場相左的文帝親黨重要人物替劭政權背書，由僧綽替劭政權執筆作詔，除耗盡僧綽本身在前（文帝）政權中遺留的政治價值，用以強調新政權的合法性，更考驗著僧綽對劭政權的忠誠度。〔註27〕劭後問僧綽改元一

〔註24〕《宋書》卷99〈二凶傳〉，頁2430～2431。孝武討劭檄文曰：諸君或奕世貞賢……大軍近次，威聲已接，便宜因變立功……若事有不獲，能背逆歸順，亦其次也；如有守迷遂往，黨一兇類，刑茲無赦，戮及五宗。又《通鑑》卷127文帝元嘉三十年（453），頁4000。僧達南赴義軍一事，胡三省注曰：王氏江南冠族，僧達又名公子也。沈慶之於建義之初，欲致之以民望耳。顯然僧達不選其上策，但循其次，極有可能如顏竣、謝琛所言，劭牢控中央，並據天府，即有法統，實力亦強於討伐諸軍，蓋選其次，避此兩難。

〔註25〕《宋書》卷82〈周朗傳〉，頁2089。曰：「兄周嶠……二女適建平王宏、盧江王褘。以貴戚顯官，元嘉末，爲吳興太守。賊劭弒立……誕檄文又至。嶠素懼怯，回惑不知所從，爲府司馬邱珍孫所殺。朝庭明其本心，國婚如故。」就文中所描述，嶠似乎是擔心兩女因適宏、褘，並在劭處，因而回惑不知所從。

〔註26〕《宋書》卷99〈二凶傳〉，頁2427。

〔註27〕相關論點參看王怡辰《東魏北齊的統治集團》，頁309（臺北：文津出版，2006）。

事，唯見僧綽即已作詔，又身處劭營，故反引晉惠帝一事回應之，可看出僧綽內心之無奈，與其面臨當下困境的垂死掙扎。蕭斌的政治立場與意識是明確的，「舊踰年改元。」即明其欲建構政權正統性與合法性之心。而視《宋書》前文所言，劭先欲掩飾弒帝罪行，強調政權合法性，後反喜從僧綽言，蓋亦有抹黑之意。倒是僧綽作詔未滿月即成劭政權刀下亡魂。〔註28〕

綜觀本節所論，於劭弒帝取得政權後，掌控地方的諸皇室舉兵討伐劭之政權，藉著孝義口號打動人心，以冀望境內諸郡守能懷舊恩而盡忠，忠的是文帝政權。唯劭即位法統，並據天府，又假僧綽之手作詔，自當有異同論述在官方或坊間流傳，進而在士族與官僚階層產生了順應法統或為舊主盡忠的難題；即是為「孝」加入討伐，或「忠」於現有政權體制。難題隨著劭政權垮台迎刃而解。仕於劭政權下的官僚淪為逆黨，而參與討伐軍自然視為以順討逆的孝義行為。然而，在一般百姓眼裏，劭、駿兩人本質上似乎是相同的，從時人議論便表述了一切。

第二節　元凶形象塑造

孝武政權繼承正統後，與之政治立場相左的劭、濬等人為首東宮集團成員，遂為史書文本建構成逆黨兇人。《宋書》傳文裏兩人並為〈二凶〉，作傳者意圖可謂明顯不過，於傳名便可知其義涵，實具指示性與告知性，直接了當傳達給讀史者一訊息，即是兩人的行徑，於當朝可謂為兇惡背逆。如《宋書》史臣曰：

> 甚矣哉，宋氏之家難也。自赫胥以降，立號皇王，統天南面，未聞斯禍。唯荊、呂二國，棄夏即戎，武靈胡服，亦背華典，戎賊之釁，事起肌膚，而因心之重，獨止此代。難興天屬，穢流床笫，愛敬之道，頓滅一時，生民得無左袒，亦為幸矣。〔註29〕

無怪乎！歷來對此歷史事件的相關評論，往往不出史書文本裏的正義論述，清人丁耀亢作《天史》便將之置於〈大逆二十九案〉中。〔註30〕又觀王夫之《讀通鑑論》內文：

〔註28〕《宋書》卷71〈王僧綽傳〉，頁1851。
〔註29〕《宋書》卷99〈二凶傳〉，頁2440。
〔註30〕丁氏文中對元凶弒帝一事論曰：「元凶巨惡，或有其性，抑亦夙冤耶？當生不欲舉之時，固有異乎人類者。至於不敢臨喪，以刃自守，劭亦知天不赦之矣，梟獍哉！」可知其論點仍不脫正史裏的正義論述。

晉、宋以降，國法圮、大倫斁、而廉恥喪，非一日矣。周札應王敦，
而與卞壼、桓彝同其贈恤；王謐解天子璽綬以授玄，玄死，反歸而
任三公，天討不加，而榮寵及之。數叛數歸，覥顏百年而六易其主，
無惑也。如是，宜速殲以亡；而其君猶能傳及其世，其士大夫猶能
全其族者，何也？蓋君臣之道喪，而父子之倫尚存也。

元凶為逆，孝武起兵以致討，元凶敗矣，蕭斌解甲帶白幡來降，逆濬
就江夏王義恭以降，而但問來無晚乎，固自謂得視王謐，斌猶可立人
之朝，濬猶可有其封爵也。於是斬斌於軍門，梟濬於大航，法乃伸焉，
則人知覆載不容之罪無所逃於上刑。於斯時也，義憤所激，天良警之，
人理不絕於天下，恃此也夫！故延及齊、梁而父子之倫獨重。梁武於
服除入見者，無哀毀之容，則終身坐廢。區區屏弱之江左，擁衣冠而
抗方張之拓拔，存一線人理於所生，而若或佑之；於此可以知天，可
以知不學不慮之性矣。蕭正德，蕭綜捐父事賊，而無有正天誅者，然
後江東瓦解以漸滅。興亡之故，繫於彝倫，豈不重與！〔註31〕

本文特引船山語重心長之全文，唯述及江左後朝之事，不免過份誇大，且仍
不脫孝義與正義論述。由此看來，不僅《宋書》成功的應用儒家講求尊君孝
父之論點，更把元凶弒父、孝武舉鎮反劭通通與孝義做為連結。這樣一來一
往，元凶弒君父本無存忠孝之道，其黨徒自是逆黨，建立的政權當然視作僭
逆。由此更強調出駿舉兵推翻中央的正統性。故，劭之篡弒乃有逆天道人倫，
駿之立朝則是順應天道。

　　前節已述及時人對元凶篡弒與孝武建義之觀點，可知於時尚存相異之看
法，既是認為孝武起義亦非持孝道，其討凶立場正如劭篡位自立一般。唯經
後世讀史者秉持孝義倫理，劃龍添鳳一番後，此一正義論述方成為對事件解
釋的主流看法。那究竟史書載記裏，又是透過何種手法來塑造元凶的形象呢？
見元凶出生的奇特過程：

元凶劭，字休遠，文帝長子也。帝即位後生劭，時上猶在諒闇，故
秘之。三年閏正月，方云劭生。自前代以來，未有人君即位後皇后
生太子，唯殷帝乙既踐阼，正妃生紂，至是又有劭焉。體元居正，
上甚喜說。〔註32〕

〔註31〕王夫之《讀通鑑論》卷15文帝，頁437。
〔註32〕《宋書》卷99〈二凶傳〉，頁2423。

又觀元皇后見己所生獨子後之反應：

> 初，后生劭，自詳視之，馳白太祖：「此兒形貌異常，必破國亡家，不可舉。」便欲殺之。太祖狼狽至后殿戶外，手撥幔禁之，乃止。〔註33〕

《宋書》的這番論述，生動傳神的再現了文帝如何搶救尙於襁褓的劭，更將親子之情溢於言表。唯史書且比之於紂的劭，親母更早覺其形貌乃破國亡家之兆。這樣看來，《宋書》撰文者乃欲塑造出父慈子不孝之場景。亦襯托出「正」、「反」的差異性，並讓讀者有劭生來便是個逆子，一個徹頭徹尾的「反」者之感。又觀孝武雖無寵於上，卻能舉孝義申天道，形成強烈的反差。事實上駿眞是如此不討喜？那《宋書》爲何又這樣說：

> 襄陽地接邊關，江左來未有皇子重鎮。元嘉二十二年，世祖出爲撫軍將軍、雍州刺史。天子甚爲留心，以舊宛比接二關……以亮爲南陽太守，加揚武將軍。〔註34〕

〈自序〉內容本意欲強調沈亮事蹟，卻無端露餡。如此歷來無皇子出任，天子甚爲留心的邊關重鎮，竟付予素無文帝寵的武陵王駿？看來《宋書》強調駿無寵一事，不僅首尾矛盾，用意亦別有居心了。

回過頭看劭，如此出世就一身反骨，親生母都能察覺的人，豈能沒有其他的惡行惡狀，或是諸違逆脫序行爲，便於一朝即決意弑君父，可怪矣。但何以編述元凶出生後，並未再列舉元凶等人諸罪狀？本文推測當有兩種原故，一是即有巫蠱記錄已當世難容，又有弑君父之實，尙不錄其餘違逆事蹟，亦足以見其兇性。既已構成文本裏作爲「元凶」的條件與要素，無需添筆模糊文意焦點。二則是撰寫史書者尋不出劭的違逆事蹟，故而不錄。本文且認爲兩點皆有可能，既是史書所錄劭之兇行已構成撰寫者欲表達的意喻，亦無其他重大罪行可強錄入於傳內。觀劭弑帝後所作所爲也是如此。如其泯滅人倫，豈會聽從諫言不殺造反的三鎮士庶家口。如親情俱喪，怎會在義恭南奔後，殺其十二子，又於最末，言其負於阿父。實劉劭於處理朝政與各種行爲上，未脫分寸。故史書只好又於兩事上添筆，藉以強調劭之乖誕行徑，增加元凶僞朝的非法性。見僞朝改元一事：

> 劭即僞位，爲書曰：「徐湛之、江湛弑逆無狀，吾勒兵入殿，已無所

〔註33〕《宋書》卷41〈后妃傳〉，頁1285。
〔註34〕《宋書》卷100〈自序〉，頁2451。

> 及，號慟崩衄，肝心破裂。今罪人斯得，元凶克殄，可大赦天下。
> 改元嘉三十年爲太初元年……初始蕭斌作詔，斌辭以不爲，乃使侍
> 中王僧綽爲之。使改元太初，劭素與道育所定。〔註35〕

新政權連年號都與巫者沾上了邊，用意自然是強調其政權的非法性了。既強調劭政權於非法，不正間接傳達孝武奉孝義所建新朝的正統性嗎？又觀劭妻將死之言：

> 劭妻殷氏賜死于廷尉，臨死，謂獄丞江恪曰：「汝家骨肉相殘害，何
> 以枉殺天下無罪人。」恪曰：「受拜皇后，非罪而何？」殷氏曰：「此
> 權時爾，當以鸚鵡爲后也。」

雖說人之將死，其言也善。唯上述引文對答內容顯見是脫罪之詞，劭既連君父尚且弒，何來權時爾。又王鸚鵡乃東陽公主婢，先與東陽主奴陳天興淫通，後又爲劭安排嫁與濬府佐沈懷遠爲妾，若劭眞欲立鸚鵡爲妃，何須於此前假手他人，直納爲妾即可。

　　另於形塑濬之兇行上，仍以貫徹父慈子不孝的邏輯爲前提，並添入其母潘淑妃一事，藉此強調二兇違逆人倫的行徑。若然文帝於最後一刻仍甚是厚待二子，爲何兩人竟至弒帝奪位？當吾人提出這樣的疑問時，亦正被〈二凶傳〉撰寫者所引導著。其意自當傳達元凶二人交相構逆，君父每加厚愛，二人卻肇啓巫蠱終至弒立，又承孝武討凶檄文內容，一并作有系統的元凶形象塑造。唯事實絕非如是單純，見《讀通鑑論》內文：

> 雖然，元凶劭之與君父有不兩立之勢，自其怨江、徐而造巫蠱已然
> 矣。〔註36〕

船山雖嗅出其中原委，但仍舊無法跳出《宋書》裏的正統論述，最終仍因劭弒帝之實，將事件比之爲天道淪喪。司馬光考異亦只能由正統論述觀點否定文帝元嘉三十年加東宮兵一事。〔註37〕若按照本文前章所言，文帝自起於荊州，南蠻校尉軍力亦甚爲其重之，那又如何解釋三十年濬領都督荊雍益梁寧南北秦七州諸軍事、荊州刺史、領南蠻校尉一事呢？當然這些疑點都不足以抹煞元凶弒立之實，與《宋書》作傳者所要表達的文意。最終，作傳者所強調建構的敘事路徑只有一條，終點早已擺在那，就是元凶巫蠱弒帝與孝武伐

〔註35〕《宋書》卷99〈二凶傳〉，頁2427。
〔註36〕王夫之《讀通鑑論》卷15文帝，頁436。
〔註37〕《通鑑》卷127文帝元嘉三十年（453），頁3988。

凶黨入承大統。敘事過程便是強調孝武政權替天伐逆的正統性，與元凶黨徒逆喪天倫的非法性。

另於〈宋書・二凶傳〉內亦可觀出一有趣現象，既是將義恭形塑成滿懷孝義之人物。其所為與立場前文並已論及。唯見文帝發現鸚鵡嫁與懷遠為妾後，劭濬互通書信之內容：

> 劭懼，馳書告濬，并使報臨賀主：「上若問嫁處，當言未有定所。」
> 濬答書曰：「奉令，伏深惶怖，啓此事多日，今始來問，當是有感發
> 之者，未測源由耳。計臨賀故當不應翻覆言語，自生寒熱也。此姥
> 由來挾兩端，難可孤保，正爾自問臨賀，冀得審實也。其若見問，
> 當作依違答之。天興先署佞人府位，不審監上當無此簿領耳。急宜
> 揵之。殿下已見王未？宜依此具令嚴自躬上啓聞。彼人若為不已，
> 正可促其餘命，或是大慶之漸。」凡劭、濬相與書疏類如此，所言
> 皆為名號，謂上為「彼人」，或以為「其人」，以太尉江夏王義恭為
> 「佞人」，東陽主第在西掖門外，故云「南第」，王即鸚鵡姓，躬上
> 啓聞者，令道育上天白天神也。〔註38〕

特書義恭為「佞人」，欲表達其立場與文帝同，既同文帝為「正」方，由是其助同為反逆輔正的孝武義軍自是合情合理。但事實是如此嗎？劭弒帝奪位後，與其立場相左之人，下場極其明顯，又無關政局影響者但憑喜好除之，怎會留下一個兩人書信中特標的「佞人」。又按本文前章所述，實義恭面對此番皇室內鬥，當秉持著超然的態度，正如先前誡義康之事一般，只圖保全其身。見其自盱眙還朝，上以巫蠱告知一事：

> 江夏王義恭自盱眙還朝，上以巫蠱告之，曰：「常見典籍有此，謂之
> 書傳空言，不意遂所親覩。劭雖所行失道，未必便亡社稷，南面之
> 日，非復我及汝事。汝兒子多，將來遇此不幸爾。」〔註39〕

按上述語意推測，義恭可能早於巫蠱事件前即與東宮不合，故文帝猶言巫蠱，實告知義恭雖然劭有如此行為，仍未必便亡社稷，最後更舉其諸兒例。當然此間對話並是按義恭事後透露與後設筆法所撰。唯知文帝一番語重心長的論述，卻未見義恭回覆。再觀義恭於劭朝之處境，政變前義恭可能既無偏向江、徐黨徒一方，與東宮陣營亦未有衝突。

〔註38〕《宋書》卷99〈二凶傳〉，頁2425。
〔註39〕同上註，頁2425～2426。

　　趙翼且認為沈約著《宋書》除刪去晉末群臣外，餘皆用徐爰之舊本。〔註
40〕本文並認為爰於編修國史時，撰述元凶篡弒事件中諸相關人物之傳記，自
當有所隱諱。擺明動了手腳的有臧質、魯爽、王僧達三傳。〔註41〕而爰、義
恭等人皆侍太祖、元凶（劭）與世祖三朝，又見孝建六年以爰領著作郎一事：

　　先是元嘉中，使著作郎何承天草創國史，世祖初，又使奉朝請山謙
　　之、南臺御史蘇寶生踵成之。六年又以爰領著作郎，使終其業。爰
　　雖因前作，而專為一家之書。〔註42〕

招集了以江夏王義恭為首的三十五人決策小組內外博議，終於得到以義熙元
年為斷的結果。唯孝武亦詔曰：「項籍、聖公，編錄二漢，前史已有成例。桓
玄傳宜在宋典，餘如爰議。」〔註43〕至少我們證明了一件事，爰連取捨書內
前舊兩朝人臣，尚且與義恭參議，而孝武亦極為留心國史內容。如古人且認
為的千古奇變（元凶弒帝奪位），相關事實又怎會被事後獲取政權之勝利者，
與這批捲入事件中殘存的修史人物，光明正大的端上臺面撰改。當然這也留
予今人無限的憶想空間。

〔註40〕清‧趙翼《二十二史箚記校證》卷9〈宋書多徐爰舊本〉，頁179～180（北京：
　　　　中華書局，1984）。
〔註41〕《宋書》卷100〈自序〉，頁2467。
〔註42〕《宋書》卷94〈恩倖傳〉，頁2309。
〔註43〕同上註。

第六章　結　論

　　對後世而言，元凶弒帝奪位一事，有人視爲千古奇變，有人則認爲是孝道淪喪，乃至形容南朝門第崩壞之情景。反觀孝武舉義軍起義，於時雖並存相異觀感與看法，唯歷朝士人假儒家孝義觀點切入事件本身，故輔順討逆與申天道之正義論述，早已掩蓋時人薄弱的發聲。無論如何，弒君父以逞其志，誅兄長以奪其位，應該都不是值得讚許的事蹟。

　　而透過對武帝、文帝兩朝政治局勢的分析，除有助於我們更深入瞭解劭篡弒之背景，並體會劭何以用如此激進手法來奪取本屬於己之皇位。觀裕自起義驅除諸桓後，擁北府兵平內攘外，一統晉末內部割據的諸政治勢力，外立勛業，終至篡晉建宋。即位後方三年便病逝。少帝不僅未能接收武帝所遺留之諸政治勢力，反遭顧命宰輔權臣所廢，終與義眞雙雙被弒。觀廢少帝後諸政治勢力，宜都王義隆亦身爲其中一環，義隆自有上游荊州重鎮，並獲得南蠻校尉彥之與其軍力的支持。又見京城局勢亦顯詭譎，外有道濟節度淮南諸軍，內有羨之、傅亮與謝晦等權臣派系把持朝政。就於互不相受下，遂退求其次達成協議，擁文帝入承大統。皇權於此時亦淪落爲政治利益交換之條件。

　　按上所言，文帝即位初的時局自是風雨飄搖，與此之際，皇權實有再遭顚覆之可能。雖調任荊州舊屬統領禁軍，唯居中內不自安所至。於舉步維艱之局勢下，文帝本人且韜光養晦，表面大嘉安撫權臣，暗中則匯聚可能效忠於皇權之份子與政治勢力。終至元嘉三年連道濟、王弘，內發權臣亂政之事，誅羨之、傅亮等人黨徒，外討謝晦於荊州。除去部份顧命權臣後，文帝並著手提升皇權，一步步擺脫即位時之困境。

　　謝晦、羨之等顧命佐臣既除，王弘病故，唯外剩道濟一人。道濟早年隨武帝征伐，後實承北府軍將領袖地位，不僅威名海內，亦控握淮南諸鎮兵權。雖元嘉三年除權臣時偏於文帝一方，仍難保其之後意向。終至元嘉中文帝數度疾篤之際，憂其身後難制，召道濟入朝，旋而發監，誅道濟黨徒，親手鏟平「長城」，除去內患。

　　武帝諸子則於顧命權臣相繼倒臺後漸受文帝重用，宗王既是皇室血源至親，出外可控地方重鎮護衛中央，居內則秉相權把持朝意。唯文帝病重之際，宰輔義康竟聚黨營私，部份黨人亦擁義康欲窺覦皇權。最終，文帝選擇外放義康，並藉此消弱除去義康黨徒於政界高層的勢力。

　　繼義康之後為宰輔的義恭，憚戒義康攬權招致主上猜疑一事，表面遂奉行文書而以。另武帝諸子亦人人自危，居外鎮則不欲有所為，深怕多做事反觸動主上敏感的神經。文帝這樣察察的個性，亦是其來有自。正因為經歷了朝不保夕，皇位不知何時要拱手讓人的日子，又內外諸政治勢力橫生，自己與皇權始終居於下風處，也難怪文帝每欲事必躬親，內忌結黨營私，外則派典籤搖掌戰事。從文帝察察的個性中尚可看出一項特點，就是「矛盾」。首先文帝用人但依血緣與連姻，透過這項用人法則串起親皇室成員人際網絡，由外向內層層構築起劉宋元嘉年間皇朝的權利核心。唯義康聚黨一事已動搖其親用諸皇弟的態度。范曄等人繼之而來的擁義康謀反事件，實徹底粉碎文帝手足間的信任。文帝可能有鑑於皇室諸宗王屢發竊與皇權之疑慮，遂改任親子出鎮，居中則樹立親黨，重用外戚與其親信。因而造就了元嘉中晚期「矛盾」的政局，本非樂見朝士互聚朋黨，卻又親樹之，賴以「親親」而後「尊尊」的血緣關係，亦是變調。

　　另觀道濟生前實為軍方領導人物地位，文帝每欲拔除之。先調其為江州刺史，期以淡化道濟北府軍將之關係，後更啟用彥之，圖謀北伐，建勛立業。任彥之北伐的用意，自是欲樹其軍威好培養親帝室之軍方領導人物，之後啟用的蘭陵蕭氏一門將領亦有如是想法。事過境遷，道濟、彥之皆已逝去，無奈北伐接連失利，屢戰屢敗，文帝欲培植的親帝系將領始終難申爪牙之用。元嘉末，於蕭氏一門將領雙雙免職的情況下，中央與地方軍系均出現變動。先是元嘉間南渡北人與舊朝驍將魯氏兄弟、薛安都等人領部曲回歸。又義恭雖表面奉行文書以避上疑，唯久居相職，實際上仍厚結諸多故吏義佐。觀元嘉末義恭領大將軍職，並參免思話，便可略推軍系內部之衝突。原先受文帝

厚愛培植的親帝系將領派系，因北伐接連失利，戰力愈是衰弱，於軍方地位可能漸受影響而動搖。

而元嘉二十七年北伐，影響的更不止於軍方內部，更是文帝朝中親信黨羽與東宮決裂的分水嶺。文帝既欲樹親黨，並重用外戚江、徐二人，另王僧綽則具多重政治背景，任尚書吏部郎，參掌大選。就在朝中唯江、徐二人贊同北伐的情況下，太子劭意欲上嚴懲兩人以究敗責。文帝未有深究兩人罪責之意，更令劭心生不滿。終至行巫蠱，而後弒帝。

觀元嘉末政局，文帝歷經義康黨徒於政治上竊權後，不僅親樹朝中黨羽，亦屢加東宮實權，並增東宮實甲與羽林兵。而劭本既受上親愛，每順其意，底下亦匯聚一批但隨太子喜好任用之黨人。東宮就在文帝有心培植下，漸次形成一股兼具軍事力量的政治勢力。東宮集團與文帝朝中親信黨人本並是作為捍衛皇權之藩籬，卻因北伐異議衍生嫌隙，又於文帝矛盾的用人作風下漸行漸遠。二十七年北伐失利後至三十年初劭弒帝前的三年裏，除東宮黨人與文帝親黨決裂外，亦是文帝義隆與劭父子感情生變的關鍵時段。於時間點內，可見文帝立場始終左右不一，巫蠱事變發生前，文帝表面將北伐戰敗過錯歸於己，實有心護江、徐二人，即發巫蠱，立場反偏向東宮。故然紛亂政局著實令文帝困擾，他想不透太子、東宮黨人何以欲求富貴竟至如此，更摸不著頭緒的是，本為其培植用以鞏固皇權的兩大政治勢力，居然如此激烈的相互內鬥，我們從事後太子東宮黨徒斷然採取弒帝奪位的手法，便可略知一二。唯文帝游移不一的政治立場，不僅未能弭平紛爭，反徒增東宮黨徒之不安感。文帝於廢立難決之際，除對義恭述及嘆怨之情外，並失口風於路淑媛，進而促使東宮黨徒為求自保舉兵造反。

按史書論述，乃刪省江、徐等文帝親信黨徒與東宮之衝突，藉放大劭行巫蠱一事來解釋「元凶」篡弒主因，如孝武舉兵時的討凶檄文亦言太子劭是「肇亂巫蠱，終行弒逆」。觀元兇行巫蠱一事，其事件本身疑點重重。史書載記有關劭行巫蠱之敘述，可謂頭尾自相矛盾，其敘事導向亦倒果為因，早以預設太子行巫蠱的立場，並向下延伸論述出文帝與太子決裂之過程，從而建構出「元凶」乖誕違逆之形象。另見巫蠱即用以害人，亦為當世社會所不容。無論社會中任何階層人物，一旦抹上巫蠱，必牽連族屬，以致萬劫難復。竟而於政治上衍生出另一用途，一種賴以抹黑政敵之手法。於扯上或受指控行巫蠱後，當事人除百口莫辯外，亦只能以死澄其清白，假若不甘束手，除出

奔逃離外，唯舉事一反可走。當然太子行巫蠱到底是「實」還是「虛」，以今日史料載記猶難解矣，唯可知史書文本擺明欲將巫蠱一事與之後篡弒行徑做為連結。若太子行巫蠱為「實」，當非東宮黨徒舉事弒帝導因，只可是視為一促其事成之手法，若其行巫蠱真為「虛」，那以文帝身前厚植東宮黨徒之實力，加之太子劭性格，必然不會坐以待斃，舉兵起事乃為東宮一竿人等當下獨見的出路。

由武帝即位前政治勢力分布，以義隆西去荊州重鎮，至使文帝終擁入承大統之機。於少帝後時局並可知文帝即位時之艱難，欲跨出艱難的處境，於弭平境內可能危及皇權的政治勢力之時，亦造就其察察的性格。如此性格體現於任人用事的作風上，因其任人用事之作風間接引發東宮反彈，終上演這場子弒父、下奪上的逆倫醜劇。太子劭弒帝過程實經過縝密計劃，不費吹灰之力便掌控都城六門與京邑周遭區域。劭於弒帝奪位後，欲進一步掌握地方重鎮，故特頒詔令，明優升諸鎮宗王，陰奪地方實權。另針對實於西陽五水統諸軍討蠻的武陵王駿，乃密令慶之除之，期收討蠻諸軍兵權。唯慶之等人拒不受令外，且擁孝武起義反元凶朝，孝武並遣慶之還山領諸軍起義。最終雍州、荊州等重鎮紛紛捲入此次起義事件中，一場高舉孝義大旗的反中央抗爭由是展開。

觀孝武起義初時所具之政治資源與軍力，無一可與劭朝抗爭，且諸鎮所遣之討蠻軍亦非孝武親任所部。駿實先奉表於中央，後知劭欲除之乃反。故孝武欲舉事，尚須倡論孝義，強調劭朝之非法性，並以政治條件換取討蠻諸軍重要將領的支持。於時孝武親信唯入侍在旁的顏竣與同夥慶之二人而已。

近人研究南朝皇權更迭轉換，嘗試以中央與地方軍事派系演變觀之，並強調地域集團影響甚巨。諸地方豪族所擁部曲與兵力是否真的對皇權造成影響？若著眼於六朝長時間內的軍系與中央政權變動，或可尋出其轉變趨勢。唯觀元嘉中至孝建初年的時間段限內，諸地方上的豪族是否擁兵自成軍事集團，且具有共同的集團意識，本文則持保留態度。可以知道的是，學界所論雍州集團之豪帥，於太子劭弒帝前，正處發跡之時，諸將尚屬軍方中、下層人物。將領彼此間的互動關係亦甚薄弱，單就其出身既劃歸為同一集團顯為武斷，僅管這批雍州武人靠著討平劭政權，於孝武一朝打入中央軍系。觀孝建初魯氏兄弟協同義宣、臧質舉鎮反，元景等人則未參與，而至廢帝時元景謀擁義恭一事。從任何角度來看，此時的元景，其身為雍州集團將領的地域

性格甚是薄弱。本文且認爲關注其仕途背景，如元景、宗愨爲義恭所厚澤之故吏舊佐，用以解釋諸將於事件中的動向當更符合邏輯。無論如何，以諸鎭討蠻兵力做爲主力的起義軍，最終於新亭一役擊潰元凶黨徒，而劭朝亦轉瞬爲孝武所推翻。

　　回頭觀太子劭政變初時，朝臣們處突如其來的混亂局勢下，猶是望風而倒，奉服於新朝，但隨劭戰敗，京城情勢急轉下，又見風轉舵投向義軍，劉義恭即是其中一例。政變初時義恭亦因其舊朝政要與居皇親長的地位，頗受劭朝倚重。唯按史書載記所述，義恭乃身在劭營，心在義軍陣容。實際上，義恭在乎的既非孝義是否得以伸張，亦非受劭所監諸子安危，唯在乎自身之權位存亡。故於劭政權新敗，旋謀據石頭，不果，則單騎出奔義軍陣營。而徐爰於孝武朝負責修撰國史，義恭亦爲主要參議者。如此我們當可更近一步瞭解其於劭朝諸多不合邏輯之行爲，與看似暗地幫助義軍的諫言，實出於義恭自身所言的證詞。史書文本生動的將義恭描述爲秉持孝義之皇室成員，一開始即處於「正」的立場，潛伏於元凶「反」方政權，終歸討反逆扶「正」之孝武義軍陣營，既合於「情」又合於「理」，只可惜不合「實」了。

　　孝武既推翻劭朝，史書載記裏一系列的元凶形象塑造由是展開，透過形塑太子劭黨徒的違逆與非法性，藉此強調出新朝之正統性。今日所見之正統論述亦大都延續著孝武秉孝義、除逆賊、存天道之觀點。實當世尚存相異看法，或有於劭朝末亡前，握擁京城，並據天府，已承法統之論述。另由事後的時人語亦可看出端倪，當世眾人不乏認爲孝武起義弑兄本質，與劭弑君父如出一轍。元嘉末的這場皇室權位爭奪，不僅江水爲之染紅，更因後世士人秉持著儒家孝義觀點論述此事，乃爲事件本身添抹上一層色彩，唯掀開正義與正統論述冠冕堂皇的包裝底下，實爲一幕幕父子手足相殘的露骨畫面。

徵引書目

重要史料

1. （梁）沈約《宋書》，北京：中華書局，2011 年。
2. （北齊）魏收《魏書》，北京：中華書局，2008 年。
3. （唐）房玄齡《晉書》，北京：中華書局，2011 年。
4. （唐）李延壽《南史》，北京：中華書局，2003 年。
5. （唐）李延壽《北史》，北京：中華書局，2003 年。
6. （唐）許嵩《建康實錄》，北京：中華書局，1986 年。
7. （宋）司馬光《資治通鑑》，北京：中華書局，2007 年。
8. （宋）李昉編纂《太平御覽》，臺北：臺灣商務，1986 年。
9. （清）丁耀亢《天史》，《續修四庫全書·子部 1176》，上海：上海古籍出版社，1995 年。
10. （清）趙翼《二十二史箚記校證》，北京：中華書局，1984 年。
11. （清）王夫之《讀通鑑論》，北京：中華書局，2011 年。
12. （清）萬斯同《二十五史補編》〈宋方鎮年表〉，北京：中華書局，1955 年。
13. （清）萬斯同《二十五史補編》〈宋將相大臣年表〉，北京：中華書局，1955 年。
14. （清）王鳴盛《十七史商榷》，上海，商務印書館，1959 年。

近人論著（依作者姓氏筆劃排序）

1. 毛漢光《中古社會史論》，臺北：聯經出版，1988 年。

2. 王仲犖《魏晉南北朝史》，北京：中華書局，2007 年。

3. ───《山昔華山館叢稿》，北京：中華書局，1987 年。

4. 王玉德主編，高華平、曹海東著《中華巫術》，臺北：文津出版，1995 年。

5. 王怡辰《東魏北齊的統治集團》，臺北：文津出版，2006 年。

6. 田餘慶《秦漢魏晉史探微》，北京：中華書局，1993 年。

7. ───《東晉門閥政治》，北京：北京大學，2005 年。

8. 朱堅章《歷代篡弒之研究》，臺北：嘉新水泥，1964 年。

9. 李則芬《中外戰爭全史（二）》，臺北：黎明出版，1985 年。

10. 李文才《兩晉南北朝十二講》，北京：中國國際廣播出版社，2009 年。

11. 呂思勉《兩晉南北朝史》，上海：上海古籍出版社，1983 年。

12. 何啓民《中古門第論集》，臺北：臺灣學生書局，1982 年。

13. 何德章《魏晉南北朝史叢稿》，北京：商務印書，2010 年。

14. 周一良《魏晉南北朝史論集續編》，北京：北京大學，1991 年。

15. 林富士《中國中古時期的宗教與醫療》，臺北：聯經出版，2008 年。

16. ───《漢代的巫者》，臺北：稻鄉出版，1988 年。

17. ───《小歷史──歷史的邊陲》，臺北：三民出版，2000 年。

18. 吳慧蓮《東晉劉宋時期之北府》，臺北：台灣大學，1985 年。

19. 徐復觀《周秦漢政治社會結構之研究》，臺北：臺灣學生書局，1975 年。

20. 陳啓雲《漢晉六朝文化・社會・制度──中華中古前期史研究》，臺北：新文豐，199 年 6。

21. 陳國琳《魏晉南北朝政治制度研究》，臺北：文津出版，1994 年。

22. 陳長琦《戰國秦漢六朝史研究》，廣州：廣東人民出版社，1997 年。

23. 唐長孺《魏晉南北朝史論拾遺》，北京：中華書局，2011 年。

24. ───《講義三種》，北京：中華書局，2011 年。

25. 唐燮軍《六朝吳興沈士氏及其宗族文化研究》，臺北：文津出版，2006 年。

26. 張儐生《魏晉南北朝史》，臺北：文化大學出版，1983 年。

27. 張小鋒《西漢中後期政局演變探微》，天津：天津古籍出版，2007 年。

28. 章義和《地域集團與南朝政治》，上海：華東師範大學，2002 年年。

29. 傅樂成《漢唐史論集》，臺北：聯經出版，2006 年。

30. 黃永年《唐代史事考釋》，臺北：聯經出版，1998 年。

31. ───《六至久世紀中國政治史》，上海：上海書店 2006 年。

32. 萬繩楠《魏晉南北朝史論稿》，臺北：雲龍出版，1994 年。

33. ───《陳寅恪魏晉南北朝史講演錄》，臺北：雲龍出版，2003 年。

34. 蒙思明《魏晉南北朝的社會》，上海：上海人民出版社，2006 年。

35. 劉淑芬《六朝的城市與社會》，臺北：臺灣學生書局，1992 年。

36. 錢穆《國史大綱》，臺北：臺灣商務，1995 年。

37. 韓樹峰《南北朝時期淮漢迤北的邊境豪族》，北京：社會科學文獻，2003 年。

38. 譚其驤《中國歷史地圖集》，北京：中國地圖出版社，1987 年。

39. 嚴耕望《地方行政制度史──魏晉南北朝地方行政制度》，上海：上海古籍出版社，2007 年。

日人論著

1. 川勝義雄《中国の歴史──魏晉南北朝》，東京：講談社，1974 年。

2. 小和田哲男著，吳宛怡譯《惡人列傳》，臺北：臺灣商務，2011 年。

3. 安田二郎《六朝政治史の研究》，京都：京都大學，2003 年。

4. 宮川尚志《六朝史研究‧政治社會篇》，東京：日本學術振興會，1956 年。

期刊論文

1. 李卉〈說蠱毒與巫術〉《中央研究院民族學研究所集刊》第 9 期（1960 年）。

2. 李瓊英〈論寒人在劉宋宗室內亂的地位和作用〉《許昌學院學報》第 1 期第 25 卷（2006 年）。

3. 吳慧蓮〈六朝時期的君權與政制演變〉《漢學研究》卷 21 第 1 期（2003 年）。

4. 汪奎〈劉宋元嘉時期的中外軍體制〉《浙江師範大學學報》第 149 期（2007 年）。

5. 汪奎〈劉劭之亂與劉宋政局〉《重慶社會科學學報》第 12 期（2006 年）。

6. 祝總斌〈晉恭帝之死和劉裕的顧命大臣〉《北京大學學報》第 2 期（1986 年）。

7. 徐芬〈論劉宋景平年間中樞權力鬥爭〉《南都學壇》第 6 期第 29 卷（2009 年）。

8. 陳群〈吳興沈氏與皇權劉宋政治〉《淮陰師範學院學報（哲社版）》第 2 期（2002 年）。

9. 陳金鳳、楊柄祥〈元嘉北伐新論〉《華中科技大學學報》卷 14 第四期（2000年）。

10. 陳金鳳〈從「荊揚之爭」到「雍荊之爭」──東晉南朝政治軍事形勢演變略論〉《史學月刊》第 3 期，（2005 年）。

11. 張燦輝〈雍州勢力崛起與劉宋政治〉《湖南師範大學社會科學學報》第 4 期（1995 年）。

12. 張琳〈東晉南朝時期襄宛地方社會的變遷與雍州僑置始末〉《魏晉南北朝隋唐史資料》第 15 輯（1997 年）。

13. 張琳〈南朝時期的雍州中下層豪族〉《武漢大學學報》（1997 年）。

14. 張亞軍〈宋文帝論〉《廊坊師範學院學報》卷 19 第 3 期（2003 年）。

15. 楊恩玉〈宋文帝與「元嘉之治」重估〉《山東大學學報》第 4 期（2009年）。

16. 薛軍力〈劉宋初期對強藩的分割〉《天津師大學報》第五期，頁 52～57（1995 年）。

17. 劉懷榮〈漢魏以來北方鼓吹樂橫吹樂及其南傳考論〉《中國武漢音樂學院學報》第 1 期（2009 年）。

18. 魯力〈宗王出鎮與劉宋政局〉《河南師範大學學報》卷 38 第 6 期（2011年）。

19. 蒲慕洲〈巫蠱之禍的政治意義〉《中央研究院歷史語言研究所集刊》卷 57 第 3 期（1986 年）。

20. 盧建榮〈五至六世紀北朝鄉民社會意識〉《性別、政治與集體心態──中國新文化史》（臺北：麥田出版，2001 年）。

學位論文

1. 王麗敏〈劉宋統治集團內部主要矛盾變化論述〉，鄭州大學歷史學碩士論文（2007 年）。

2. 朱玉華〈南朝宋、齊皇室內訌現象解析〉，首都師範大學歷史學碩士論文（2004 年）。

3. 李順禹〈劉宋宗王政治〉，福建師範大學歷史學碩士論文（2003 年）。

4. 徐成〈東晉南朝雍州尚武豪族研究〉，揚州大學歷史學系碩士論文（2010年）。

日人期刊論文

1. 川合安〈『宋書』と劉宋政治史〉《東洋史研究》卷 61 第 2 號（2002 年）。

2. 小尾孝夫〈劉宋前期における政治構造と皇帝家の姻族・婚姻関係〉《歷史》第 100 輯（2003 年）。

3. 小尾孝夫〈劉宋以後北府兵軍事地位考論〉《南京曉莊學院學報》第 85 期（2006 年）。

4. 岡部毅史〈梁簡文帝立太子前夜——南朝皇太子の歷史的位置に関する一考察〉《史學雜誌》118 編第 1 號（2009 年）。

附錄：荒主形象的重構
——永光景和年間皇權政治

前　言

　　南朝劉宋新舊朝交替，皇權繼承屢遭險阻，皇位繼任者每每承接的並非前朝遺留的政治資產，多數前朝政治勢力並成為新朝創業之阻力。大明八年（464）五月，孝武帝殂於玉燭殿燭殿，前廢帝子業繼承大統，唯朝野遍布孝武朝所遺留之政治勢力，內有諸外戚制衡，及恩倖戴法興、巢尚之專權，義恭、柳元景與顏師伯自相結黨，外有宗王子勛、昶等諸地方勢力擁鎮雄據。故前朝所遺留的政治勢力，儼然成為牽絆制衡皇權的阻力，甚或是動搖皇位之穩固。由是廢帝即位初始，徒有皇位之名，未真正掌握皇權之實。

　　觀武帝透過整合晉末內部勢力，集社會各階層可用之力以造宋。[註1]文帝元嘉年間所推動的政制，實欲維持政局之穩定外，求進一步提升皇權。

〔註 1〕　相關論點參看川勝義雄《中国の歷史 3 魏晉南北朝》第 7 章〈宋・齊軍事政權と貴族〉，頁 210～212（東京：講談社，1974）；田餘慶《東晉門閥政治》〈劉裕與孫恩——門閥政治的掘墓人〉，頁 239～264（北京：北京大學，2005）；陳春雷〈論晉宋之際的京口集團〉《淮陰師範學報》第 88 期，頁 131～135（2000）；左華明〈整合與破裂——晉末宋初政治及政治格局研究〉，武漢大學歷史學博士論文（2010）；王永平〈劉裕、劉毅之爭與晉宋變革〉《江海學刊》第 3 期，頁 152～163（2012）；馮典章〈再造王室：劉裕建義討桓集團的構成〉《臺南大學人文研究學報》第 50 卷第一期，頁 23～44（2016）。

〔註2〕孝武建義悉改元嘉政制，唯其所推行之政策仍著重於皇權的鞏固。〔註3〕
永光景和年間政局尚遺有文帝元嘉政制之成果，並混雜孝武朝強化人主實權政
策下所衍生出來的影響。前廢帝子業未及弱冠之年登寶，既受過往諸政策之影
響，亦面臨當前政局給予皇權之衝擊。而當朝諸政治勢力的角力，因新舊朝交
替而轉趨白熱化，往昔政制運作下所遺留的缺失，更因幼主即位隨之放大。清
代考據學者趙翼於《二十二箚記》卷 11〈宋齊多荒主〉云：

> 古來荒亂之君，何代蔑有，然未有如江左宋、齊兩朝之多者。宋武
> 以雄傑得天下，僅三年而即有義符。文帝元嘉三十年，號稱治平，
> 而末有元兇劭之悖逆。孝武僅八年而有子業。明帝亦八年而有昱。
> 齊高、武父子僅十五年而有昭業。明帝五年而有寶卷。統計八九十
> 年中，童昏狂暴，接踵繼出，蓋劫運之中，天方長亂，創業者不永
> 年，繼體者必敗德，是以一朝甫興，不轉盼而輒覆滅，此固氣運使
> 然也。〔註4〕

內文點出創業者不永年，成爲造就宋、齊兩朝多荒亂之君的關鍵因素。不啻
說明劉宋新舊朝交替裏皇權薄弱化的徵結點，亦間接述出繼體者的困境。每
一次皇權的轉換與交接，皇位繼任者與新朝政權並面臨重建中央權力核心的
難題，新主能否如期整合朝中各政治勢力與穩定當前時局，事關其新朝之存
亡。於此思維觀察下，繼體者是否眞如趙氏所言敗德，又或是文中所提「荒

〔註2〕相關論點參看安田二郎《六朝政治史の研究》第 5 章〈元嘉時代政治史試論〉，
頁 258～266（京都：京都大學，2003）；小尾孝夫〈劉宋前期における政治構
造と皇帝家の姻族・婚姻関係〉《歷史》第 100 輯，頁 1～26（2003）；張亞軍
〈宋文帝論〉《廊坊師範學院學報》卷 19 第 3 期，頁 52～57（2003）；汪奎〈劉
宋元嘉時期的中外軍制〉《浙江師範大學學報》第 149 期 32 卷，頁 85～89
（2007）；楊恩玉〈宋文帝與「元嘉之治」重估〉《山東大學學報》第 4 期，
頁 89～93（2009）。

〔註3〕相關論點參看宮川尚志《六朝史研究・政治社會篇》第 5 章〈魏晉及南朝的
寒門・寒人〉，頁 384～397（東京：日本學術振興會術，1956）；川本芳昭《中
国の歷史 05 中華の崩壞と拡大》第 4 章〈江南貴族制社會〉，頁 130～134（東
京：講談社，2005）；川合安〈『宋書』と劉宋政治史〉《東洋史研究》61 卷 2
號，頁 36～38（2002）；小尾孝夫〈劉宋孝武帝の対州鎮政策と中央軍改革〉
《集刊東洋學》第 91 輯，頁 40～60（2004）；何德章《魏晉南北朝史叢稿》
〈宋孝武帝上台與南朝寒人之得勢〉，頁 41～52（北京：商務印書，2010）；
嚴耀中《魏晉南北朝史考論》〈評宋孝武帝及其政策〉，頁 116～128（上海：
人民出版社，2010）。

〔註4〕清・趙翼《二十二箚記》卷 11〈宋齊多荒主〉，頁 231（北京：中華書局，2007）。

主」之乖戾荒虐行徑，是否眞如史書文本所載，及其行爲背後所蘊含之動機爲何，實有再審視討論之必要。

　　學界依循往昔讀史研究者對南朝宋齊諸荒主的看法，究其行徑於史書載記裏乖誕荒謬，故視爲專制王朝乃至皇權政治裏之特例，顯少對荒主本身的作爲與其行徑做出正面的論述。〔註5〕本文並以劉宋前廢帝子業爲例，嘗試討論永光景和年間中央政治局勢、皇權政治的運作與廢帝諸行徑的關連性，藉此瞭解廢帝「荒主」形象背後的涵義。

廢帝朝的政治派系

　　大明八年（464）五月，孝武帝殂於玉燭殿燭殿，子業繼承大統。孝武遺詔：

> 義恭解尚書令，加中書監，柳元景領尚書令，入住城內。事無巨細，
> 悉關二公。大事與沈慶之參決，若有軍旅，可爲總統。
> 尚書中事委顏師伯。外監所統委王玄謨。〔註6〕

可知當朝顧命佐臣以宗室親長義恭爲首，餘爲協同建義之武人元景、慶之，另尚書中事委以顏師伯，外監則委以王玄謨。而顧命佐臣相互之間的關係卻甚是微妙。觀元景昔爲義恭故吏舊佐，兩人交情自當匪淺。〔註7〕沈慶之實

〔註5〕 宋・葉適《習學記言序目》卷 31〈宋書──帝紀〉，頁 442（北京：中華書局，2009）則將前後兩廢帝共稱爲童孺極惡。清・王夫之《讀通鑑論》卷 15〈前廢帝〉，頁 445（北京：中華書局，2011）亦將前廢帝子業比喻爲紂王，且視其爲不道暴君。張儐生《魏晉南北朝政治史》第 19 章〈劉宋王朝之興衰〉，頁 476～478（臺北：文化大學，1983）則以荒淫奇虐形容前廢帝。王仲犖《魏晉南北朝史》第 6 章〈宋齊梁的更替〉，頁 394（北京：中華書局，2007）猶視前廢帝諸行徑爲骨肉相殺的醜惡劇。呂思勉《兩晉南北朝史》第 9 章〈宋齊興亡〉，頁 410（上海：上海古籍出版社，1983）則對前廢帝才性提出部份反駁，唯看法尚餘議論之處。祝總斌〈從《宋書・蔡興宗傳》看封建王朝的「廢昏立明」〉《北京大學學報》第 2 期（1987）論述仍延續過往讀史者角度，視前廢帝子業爲昏君。而川合安〈『宋書』と劉宋政治史〉文內則將前廢帝朝分輔政、親政兩時期，討論前廢帝敗亡之因素。李文才〈南朝何曾多荒主──趙翼《二十二箚記》「宋齊多荒主」條辨正〉《陝西師範大學繼續教育學報》卷 18 第 1 期，頁 59～62（2001）李氏綜論宋齊荒主的作爲，提出與過往相異的看法，唯未深入討論前廢帝子業諸行徑背後涵義，乃至對史書疑點作進一步論證，甚爲可惜。

〔註6〕 梁・沈約《宋書》卷 61〈武三王傳〉，頁 1650（北京：中華書局，2011）。

〔註7〕 《宋書》卷 77〈柳元景傳〉，頁 1981。

為孝武建義時之元從，討元凶、除誕皆委以慶之，故遺詔言大事與沈慶之參決，唯素與義恭不和，後又忿恨師伯。〔註 8〕而師伯則為王景文所薦，其人善於附會，進而大被知遇，親幸隆密，群臣莫二。〔註 9〕王玄謨其性情幼而不群，且嚴直不容。〔註 10〕由上述可知，授顧命諸人除政治背景相異外，亦非一心。

永光年間，朝中除顧命佐臣外，尚存有過往孝武朝用人政策下衍生出來的權貴人物。〔註 11〕如於時為太子旅賁中郎將的戴法興：

> 世祖親覽朝政，不任大臣，而腹心耳目，不得無所委寄。法興頗知古今，素見親待，雖出侍東宮，而意任隆密。〔註 12〕

另則為巢尚之與戴明寶：

> 魯郡巢尚之，人士之末……亦涉獵文史，為上所知，孝建初，補東海國侍郎，仍兼中書通事舍人。凡選授遷轉誅賞大處分，上皆與法興、尚之參懷，內外諸雜事，多委明寶。上性嚴暴，睚眥之間，動至罪戮，尚之每臨事解釋，多得全免，殿省甚賴之。而法興、明寶大通人事，多納貨賄，凡所薦達，言無不行，天下輻湊，門外成市，家產並累千金。〔註 13〕

法興、明寶俱先為孝武典籤出仕而獲親用見任，廢帝即位後權任悉歸法興，明寶出為南東莞太守，尚之則為新安王子鸞撫軍中兵參軍、淮陵太守。法興因昔日孝武朝專管內務，權重當時，以至大通人事，朝野遍布受其薦達官員。後雖出侍東宮，主上意任隆密，使其於官場政界裏具有舉足輕重的影響力：

> 世祖崩，前廢帝即位，法興遷越騎校尉。時太宰江夏王義恭錄尚書事，任同總己，而法興、尚之執權日久，威行內外，義恭積相畏服，至是懾憚尤甚。廢帝未親萬機，凡詔勑施為，悉決法興之手，尚書

〔註 8〕　《宋書》卷 77〈沈慶之傳〉，頁 2004。另見宋·司馬光《資治通鑑》卷 130 明帝泰始元年（465），頁 4075（北京：中華書局，2007）。以下簡稱《通鑑》。
〔註 9〕　《宋書》卷 77〈顏師伯傳〉，頁 1992。
〔註 10〕　《宋書》卷 76〈王玄謨傳〉，頁 1973、1976。
〔註 11〕　孝武用人政策相關論點參看宮川尚志《六朝史研究·政治社會篇》第 5 章〈魏晉及南朝的寒門·寒人〉，頁 384～397；何德章《魏晉南北朝史叢稿》〈宋孝武帝上台與南朝寒人之得勢〉，頁 41～52；嚴耀中《魏晉南北朝史考論》〈評宋孝武帝及其政策〉，頁 116～128。
〔註 12〕　《宋書》卷 94〈恩倖傳〉，頁 2303。
〔註 13〕　《宋書》卷 94〈恩倖傳〉，頁 2303。

中事無大小，專斷之，顏師伯、義恭守空名而已。〔註14〕

廢帝即位後，更因顧命佐臣義恭由積相畏服，甚至到了懾憚尤甚的情況下，儼然成爲永光年間政界眞正實力派人物。

永光年間政界除上述的政治勢力外，尚可發現外戚權勢的擴張，先見《通鑑》所言：

> 廢帝幼而狷暴。及即位，始猶難太后、大臣及戴法興等，未敢自恣。
> 太后既殂，帝年漸長，欲有所爲，法興輒抑制之，謂帝曰：「官所爲
> 如此，欲作營陽邪！」帝稍不能平。〔註15〕

《宋書》與《南史》內文只論及廢帝猶難大臣及法興，刪省去太后，顯有隱諱之意。〔註16〕外戚專權現象於東晉門閥政治下看似偃旗息鼓。〔註17〕唯於此但見人主顧忌太后、大臣及法興等人，無法自決專斷。廢帝受前朝顧命大臣與恩倖於朝野內外權勢的影響，無法自由施展皇權意志尚且合理，唯顧忌深居六宮之內的太后，恐另有蹊蹺。觀孝武文穆王皇后出身於琅邪王氏，其叔祖誕爲宋武元從，父偃亦爲晉宋兩朝皇室姻親，兄藻則尙文帝六女臨川長公主。〔註18〕實當世高門華族與皇室的婚聘關係，正如元嘉中孔熙先對范曄所言：

> 曄素有閨庭論議，朝野所知，故門冑雖華，而國家不與姻娶。熙先
> 因以此激之曰：「丈人若謂朝廷相待厚者，何故不與丈人婚，爲是門
> 戶不得邪？人作犬豕相遇，而丈人欲爲之死，不亦惑乎？」曄默然
> 不答，其意乃定。〔註19〕

熙先所言可謂一針見血，朝廷相待厚者自然與之婚聘，進一步締結與皇室的關係。劉宋自武帝、文帝一貫延伸至孝武朝，透過皇室和士族政治連姻的方式，冀達成其政治訴求與目的。〔註20〕於婚聘政策的執行下，進而至

〔註14〕《宋書》卷94〈恩倖傳〉，頁2304。

〔註15〕《通鑑》卷130明帝泰始元年（465），頁4074。

〔註16〕唐·李延壽《南史》卷2〈前廢帝紀〉，頁71（北京：中華書局，2003）與《宋書》卷7〈前廢帝紀〉，頁147皆云：「始猶難太后、大臣及戴法興等。」並未論及太后，實有隱諱之意

〔註17〕相關論點參看閻步克《波峰與波谷：秦漢魏晉南北朝的政治文明》第8章〈動盪時代的皇權與門閥〉，頁147～151（北京：北京大學出版社，2009）。閻氏並藉引田餘慶門閥政治觀點，論述東晉至南朝世族與宗戚的權勢消長。

〔註18〕《宋書》卷41〈后妃傳〉，頁1290。

〔註19〕《宋書》卷69〈范曄傳〉，頁1821。

〔註20〕相關論點參看小尾孝夫〈劉宋前期における政治構造と皇帝家の姻族·婚姻關係〉，頁1～26；張亞軍〈宋文帝論〉，頁52～57；楊恩玉〈宋文帝與「元

廢帝朝，劉宋皇室與高門華族之間早已發展出錯綜複雜的累世婚聘關係。明恭王皇后亦是其中一例。〔註21〕惜皇太后於廢帝即位旋崩于含章殿，兄藻又於景和中因臨川長公主讒於廢帝，坐下獄死。於史書文本缺乏進一步論述的情況下，假論太后應用其社會背景來影響政局，竟而使幼主有所忌憚，顯然過於武斷。唯尚可證實太后於朝中具有一定的影響力，廢帝且畏忌太后干預其意志。

　　除貴戚琅邪王氏外。另見廢帝何皇后父瑀，尚高祖少女豫章康長公主，於元嘉年間歷位清顯：

> 后父瑀，字稚玉……瑀尚高祖少女豫章康長公主諱欣男……太祖世，禮待特隆。瑀豪競於時，與平昌孟靈休、東海何勗等，並以興馬驕奢相尚。公主與瑀情愛隆密，何氏外姻疏戚，莫不沾被恩紀。
> 〔註22〕

同為廬江何氏一門的戢，亦因其父偃受上親遇隆密的關係，配以孝武愛女山陰公主。〔註23〕而瑀子邁則尚太祖第十女新蔡長公主，且於去京師三十里的江乘縣周邊蓄養大量部曲武士：

> 邁少以貴戚居顯官，好犬馬馳逐，多聚才力之士。有墅在江乘縣界，去京師三十里。邁每游履，輒結駟連騎，武士成群。大明末，為豫章王子尚撫軍諮議參軍，加寧朔將軍、南濟陰太守。〔註24〕

何氏因累世貴戚而居顯官，外姻疏親並因此沾光受惠。瑀雖卒於元嘉中，唯其子邁多聚才力之士，實難論斷廢帝看待身份為皇親國舅的邁，與其率成群部曲浩浩蕩蕩游行於京城周邊時之觀感。

　　最後見文帝路淑媛，廢帝即位，號太皇太后。太宗踐阼，號崇憲太后。路太后生駿，及孝武即位，母以子貴，唯宮掖事秘，莫能辨也。按史書文本所論，孝武母子間的關係自然頗具爭議。〔註25〕唯可知路氏一門因太后而顯貴：

嘉之治〉重估〉，頁89～93。

〔註21〕《宋書》卷41〈后妃傳〉，頁1295。

〔註22〕《宋書》卷41〈后妃傳〉，頁1293。

〔註23〕《宋書》卷59〈何偃傳〉，頁1608～1609。

〔註24〕《宋書》卷41〈后妃傳〉，頁1293。

〔註25〕《宋書》卷41〈后妃傳〉，頁1286云：「上於閨房之內，禮敬甚寡，有所御幸，或留止太后房內，故民間諠然，咸有醜聲。宮掖事祕，莫能辨也。」

孝建二年，追贈太后父興之散騎常侍，興之妻徐氏餘杭縣廣昌鄉君。
大明四年，太后弟子撫軍參軍瓊之上表曰：「先臣故懷安令道慶賦命
乖辰，自違明世。敢緣衛戍請 名之典，特乞雲雨，微垂灑潤。」詔
付門下。有司承旨奏贈給事中。瓊之及弟休之、茂之並超顯職。太
后頗豫政事，賜與瓊之等財物，家累千金，居處服器，與帝子相侔。
〔註26〕

太后弟子瓊之及弟休之、茂之並超顯職，住所、穿著與使用的器物更一切比
照皇子辦理。另文內述及太后頗豫政事，應當於政界亦有一定的影響力。而
瓊之與王僧達之間的衝突，更足證太后的政治實力：

瓊之宅與太常王僧達並門。嘗盛車服衛從造僧達，僧達不爲之禮。
瓊之以訴太后，太后大怒，告上曰：「我尚在，而人皆陵我家，死後
乞食矣。」欲罪僧達。上曰：「瓊之年少，自不宜輕造詣。王僧達貴
公子，豈可以此事加罪。」〔註27〕

《冊府元龜·臺省部》裏則詳細交待衝突事件的前因後果：

王僧達孝武時爲中書令。黃門侍郎路瓊之，太后兄慶之孫也。宅與
僧達門竝。嘗盛車服詣僧達，僧達將獵已改服，瓊之就坐，僧達了
不與語，謂曰：「身昔門下騶人路慶之者，是君何親？」遂焚瓊之所
坐牀。太后怒，泣涕於帝曰：「我尚在，而人凌之，我死後乞食矣。」……
后又謂帝曰：「我終不與王僧達俱生。」後竟坐死。〔註28〕

高門貴公子僧達與外戚路氏一門可謂冤家路窄，強碰結果則是以身坐死。由
是看來，路氏弟子皆因太后而顯貴於孝武朝，雖高門華族心裏瞧不上，實口
難語之。太后不僅於政界具有一定的影響力，宮闈之內競爭角力猶盛，見大
明四年王皇后躬桑一事：

大明四年，后率六宮躬桑于西郊，皇太后觀禮。上下詔曰：「朕卜祥
大昕，測辰拂羽，爰詔六宮，親蠶川室。皇太后降鑾從御，佇蹕觀
禮。綠蓬既具，玄統方修，庶儀發椒，闈化動中。縣妃主以下，可
量加班錫。」〔註29〕

〔註26〕《宋書》卷41〈后妃傳〉，頁1287。
〔註27〕《宋書》卷41〈后妃傳〉，頁1287。
〔註28〕宋·王欽若《冊府元龜》卷478臺省部二十二〈簡傲〉，頁5704（北京：中華
　　　書局，2003）。
〔註29〕《宋書》卷41〈后妃傳〉，頁1289。

王皇后躬桑的背後意圖，蘊含六宮之主宣示意味，太后既以皇室尊長身份觀禮，孝武所詔更因太后降鑾從御，縣妃主以下獲加班錫。另見廢帝於被弒前政治上的相關舉措，亦可作為觀察路氏一門當朝權勢消長之重點：

> 瓊之為衡陽内史，先后卒。廢帝景和中，以休之為黃門侍郎，茂之左軍將軍，並封開國縣侯，邑千戶。又追贈興之侍中、金紫光祿大夫，諡曰孝侯；道慶散騎常侍、光祿大夫、開府儀同三司，諡曰敬侯。立道慶女為皇后，以休之為侍中，茂之黃門郎。〔註30〕

廢帝特追贈官位予路太后父兄以視孝敬之意，並封休之、茂之為開國縣侯，極力拉攏路氏一門。於時亦透過親上加親的方式立道慶女為后，與路太后締結更進一層的親屬關係。選擇立非高門華族的路氏為皇后，除隱約透露出廢帝立后背後之政治意圖，亦足見路太后與其弟子於當朝政界的影響力。

廢帝朝除前述諸政治勢力外，宗室成員於中央與地方亦具有一定的實力。〔註31〕義恭以宗室之親長，受孝武顧命，且歷侍三朝，故吏舊佐滿佈朝野內外，其對廢帝朝政局自當具有重要影響力。又往昔宗王出鎮政策的執行下，較年長的文帝諸子漸次發揮其政治影響力，出地方則為方任，居中央則任禁軍要職。竟而諸宗王於廢帝朝仍具相當的政治實力，甚使民間流傳宗王不臣之心的言論。如文帝第九子義陽王昶：

> 晉熙王昶字休道，文帝第九子也……封義陽王……前廢帝即位，出為使持節、都督徐兗南兗青冀幽六州豫州之梁郡諸軍事、征北將軍、徐州刺史……昶輕訬褊急，不能祗事世祖，大明中常被嫌責，民間喧然，常云昶當有異志。永光、景和中，此聲轉甚。〔註32〕

昶即為宗室，出為地方重鎮方任，居朝則位中書令、中軍將軍，唯個性使然，不能事孝武於前，至廢帝即位後，民間的流言蜚語更是甚囂塵上。

除義陽王昶外，包括時為湘東王的文帝第十一子或、第十二子建安王休仁與十三子山陽王休祐，諸王仕官任職途徑皆循相仿模式，即出為方任，入朝則掌中央禁軍要職。於此情況下，廢帝諸年長皇叔當易於朝野內外厚植發展自身勢力。而孝武身後，文帝諸子當中，又屬湘東王或於朝中最具影響力，

〔註30〕《宋書》卷41〈后妃傳〉，頁1288～1289。
〔註31〕相關論點參看毛漢光《中古政治史論》第6篇〈五朝軍權轉移及其對政局之影響〉，頁313～318（臺北：聯經出版，1990）；吳慧蓮〈六朝時期的君權與政制演變〉《漢學研究》卷21第1期，頁138～140（2003）。
〔註32〕《宋書》卷72〈文九王傳〉，頁1868～1869。

並與中央禁軍系統關係密切：

> 太宗明皇帝諱 彧，字休炳，小字榮期，文帝第十一子也……二十九
> 年，改封湘東王……世祖踐阼，為祕書監，遷冠軍將軍、南蘭陵下
> 邳二郡太守，領石頭戍事。孝建元年……徵為中護軍。二年，遷侍
> 中，領游擊將軍。三年，徙衛尉，侍中如故。又為左衛將軍，衛尉
> 如故。大明元年，轉中護軍，衛尉如故。三年，為都官尚書，領游
> 擊將軍，衛尉如故。七年，遷領軍將軍。八年，出為使持節、都督
> 徐兗二州豫州之梁郡諸軍事、鎮北將軍、徐州刺史，給鼓吹一部。
> 其年，徵為侍中、護軍將軍。未拜，復為領軍將軍，侍中如故。永
> 光元年，又出為使持節、散騎常侍、都督南豫豫司江四州揚州之宣
> 城諸軍事……又徙為都督雍梁南北秦四州郢州之竟陵諸軍事……未
> 拜，復本位。尋以本號開府儀同三司。〔註33〕

湘東王彧既為日後的明帝。歸結其登上位前的任官仕途特點，可知於孝建、
大明年間大部份時間皆留置於中央，且屢屢擔任於禁軍要職。大明七年彧遷
領軍將軍，直到八年孝武殯天之際，實際上皆領受禁軍最高武官職位，負責
掌控中央禁軍系統。除臺面上和中央禁軍有著深厚的淵源外，與琅邪王氏之
間的連姻，使其得與高門華族進一步締結裙帶關係，亦成為其背後潛藏的政
治力量。自是彧於廢帝永光年間朝中的影響力，甚至是政治上的實力與重要
性不言而喻。

　　孝武朝大明末，文帝年長諸子漸次於政治上展露影響力的同時，新安王
子鸞則因孝武寵愛的關係，王府上由是人材匯聚：

> 始平孝敬王子鸞字孝羽，孝武帝第八子也。大明四年，年五歲，封
> 襄陽王，食邑二千戶。仍為東中郎將、吳郡太守。其年，改封新安
> 王，戶邑如先。五年，遷北中郎將、南徐州刺史，領南琅邪太守。
> 母殷淑儀，寵傾後宮，子鸞愛冠諸子，凡為上所盼遇者，莫不入子
> 鸞之府、國。及為南徐州，又割吳郡以屬之。〔註34〕

愛冠諸子的子鸞，其王府僚佐皆經由孝武精選安排。本文並嘗試透過下表所
列王府僚佐出仕身份與事蹟，進一步說明孝武親選王府僚佐用意，與大明末
子鸞於政局當中所具有的影響力：

〔註33〕《宋書》卷8〈明帝紀〉，頁 151～152。
〔註34〕《宋書》卷80〈孝武十四王傳〉，頁 2063。

表：新安王府僚佐人物表

姓　名	出　身	任官事蹟
王琨	琅邪臨沂	上以琨忠實，徙爲寵子新安王東中郎長史，加輔國將軍，遷右衛將軍，度支尚書。〔註35〕
王僧虔		大明世，常用掘筆書，以此見容。出爲豫章王子尙撫軍長史……復爲新安王子鸞北中郎長史、南東海太守，行南徐州事，二蕃皆帝愛子也。〔註36〕
謝莊	陳郡陽夏	字希逸，靈運從子……。新安王子鸞板爲長史，隨府轉撫軍長史臨淮太守。〔註37〕
謝孺子		少與族兄莊齊名，先爲新安王主簿，後爲司徒主簿，因家貧求西陽太守。〔註38〕
謝超宗		超宗以選補王國常侍。王母殷淑儀卒，超宗作誄奏之，帝大嗟賞。轉新安王撫軍行參軍。〔註39〕
庾徽之	穎川鄢陵	自中丞出爲新安王子鸞北中郎長史、南海太守，卒官。〔註40〕
顧琛	吳郡吳	起爲大司農都官尚書、新安王子鸞北中郎司馬、東海太守，行南徐州事。隨府轉撫軍司馬。〔註41〕
張永		時上寵子新安王子鸞爲南徐州刺史，割吳郡度屬徐州，大明八年起永爲別駕從事史。〔註42〕
張岱	吳郡吳	永弟，新安王子鸞以盛寵爲南徐州，割吳郡屬焉。高選佐史，孝武帝召岱謂之曰：「卿美效夙著，兼資宦已多。今欲用卿爲子鸞別駕，總刺史之任，無謂小屈，終當大伸也。」帝崩，累遷吏部郎。〔註43〕
張融	吳郡吳	融字思光，弱冠有名。道士同郡陸脩靜以白鷺羽塵尾扇遺之，曰：「此既異物，以奉異人。」解褐爲宋新安王子鸞行參軍。〔註44〕

〔註35〕 梁・蕭子顯《南齊書》卷32〈王琨傳〉，頁577（北京：中華書局，2008）。
〔註36〕 《南齊書》卷33〈王僧虔傳〉，頁592。
〔註37〕 《宋書》卷85〈謝莊傳〉，頁2177。
〔註38〕 《南史》卷19〈謝裕傳〉，頁529。
〔註39〕 《南史》卷19〈謝靈運傳〉，頁542。
〔註40〕 《宋書》卷84〈孔覬傳〉，頁2155。
〔註41〕 《宋書》卷81〈顧琛傳〉，頁2078。
〔註42〕 《宋書》卷53〈張茂度附子永傳〉，頁1513。
〔註43〕 《南齊書》卷32〈張岱傳〉，頁580。
〔註44〕 《南史》卷32〈張邵傳〉，頁833。

蕭惠開	南蘭陵	大明二年出為海陵王休茂北中郎長史……還為新安王子鸞冠軍長史，行吳郡事。〔註45〕
蕭道成	南蘭陵	新安王子鸞有盛寵，簡選僚佐，為北中郎中兵參軍。〔註46〕
何戢	廬江灊	被遇於宋武。選尚山陰公主，拜駙馬都尉。解褐祕書郎，太子中舍人，司徒主簿，新安王文學，祕書丞，中書郎。〔註47〕
江智淵	濟陽考城	出為新安王子鸞北中郎長史、南東海太守，加拜寧朔將軍，行南徐州事。初，上寵姬宣貴妃殷氏卒，使群臣議謚，智淵上議曰「懷」。上以不盡嘉號，甚銜之。〔註48〕
巢尚之	魯郡	廢帝朝尚之為新安王子鸞撫軍中兵參軍、淮陵太守。〔註49〕
宗越	南陽葉	大明八年，遷新安王子鸞撫軍中兵參軍，加輔國將軍。〔註50〕

據上表歸納可知，唯江智淵與巢尚之情況較為特殊，智淵初為孝武深相知待恩禮冠朝，後因違上意，由是恩寵大衰，出為子鸞府北中郎長史。尚之則可能於廢帝朝永光年間的政爭當中失勢，遂出為王府僚佐。另何戢、蕭惠開身份當屬貴戚，其餘王府僚佐皆為孝武看重朝臣。而特意安插孝武親近賞識的王、謝高門子弟擔任王府僚佐，或作為其轉遷中央官職前之跳板，其中加強子鸞與高門華族之間人脈關係的意味濃厚。

新安王府於大明末至永光年間政界的影響力得以發揮，甚至形成一股政治勢力，最主要仍出於孝武對殷貴妃特加寵愛。孝武甚至有廢東宮立子鸞之意：

> 大明末，新安王子鸞以母嬖有盛寵，太子在東宮多過失，上微有廢太子，立子鸞之意，從容頗言之。〔註51〕

實子鸞年紀尚輕，王府政治勢力得以迅速擴張，乃至朝臣於政界的靠攏，皆肇因於人主偏愛加持，與諸人順迎孝武意所形成之局面。後見子鸞母殷貴妃薨，莊與超宗皆替其作誄，莊更引漢昭帝母趙婕妤堯母門事，使上大悅。〔註52〕謝莊替殷妃作誄一事，自有獻順迎合孝武之意，亦可視為其政治上的表態，也因而得罪於東宮，反替自己於新朝惹來牢獄之災。

〔註45〕《宋書》卷87〈蕭惠開傳〉，頁2200。
〔註46〕《南齊書》卷1〈高帝紀〉，頁4。
〔註47〕《南齊書》卷32〈何戢傳〉，頁583。
〔註48〕《宋書》卷59〈江智淵傳〉，頁1610。
〔註49〕《宋書》卷94〈恩倖傳〉，頁2304。
〔註50〕《宋書》卷83〈宗越傳〉，頁2110。
〔註51〕《宋書》卷84〈袁顗傳〉，頁2149。
〔註52〕謝莊與超宗為殷貴妃作誄事見《宋書》卷85〈謝莊傳〉，頁2177；《南史》卷19〈謝靈運傳〉，頁542。

廢帝朝前期政治運作

　　於史書文本裏所形容的孝武，可謂爲人機警勇決，學問博洽，文章華敏；省讀書奏，注目之間便能瞭解七行文義，又善騎射，而奢欲無度。〔註53〕於孝建大明年間，除對元嘉舊制進行改革，進一步提升皇權外，又透過於朝堂之上狎侮群臣的方式，藉此強調人主與皇權的獨尊性：

　　　　孝武狎侮群臣，隨其狀貌，各有比類，多鬚者謂之羊。顏師伯缺齒，
　　　　號之曰齯。劉秀之儉吝，呼爲老慳。黃門侍郎宗靈秀體肥，拜起不
　　　　便，每至集會，多所賜與，欲其 瞻謝傾踣，以爲歡笑。又刻木作靈
　　　　秀父光祿勳叔獻像，送其家廳事。柳元景、垣護之並北人，而玄謨
　　　　獨受「老傖」之目……又寵一崐崘奴子，名白主。常在左右，令以
　　　　杖擊群臣，自柳元景以下，皆罹其毒。〔註54〕

《通鑑》亦云：

　　　　上好狎侮群臣，自太宰義恭以下，不免穢辱……尚書令柳元景以下
　　　　皆不能免；唯憚蔡興宗方嚴，不敢侵媟。〔註55〕

由此視之，孝武當爲察察之主。人主透過對臣下細微觀察，採行以上損下的高壓統治方式，冀使朝臣不敢妄生僭越之心。出於憂懼臣下攬權，萌不臣之心，採取高壓統治方式御下。如此統治思維不僅使朝野內外畏忌，群臣亦觀仰揣測上意而行事，至孝武末年亦對統治者本身造成莫大壓力：

　　　　上末年尤貪財利，刺史、二千石罷還，必限使獻奉，又以蒲戲取之，
　　　　要令罄盡乃止。終日酣飲，少有醒時。常憑几昏睡，或外有奏事，
　　　　即肅然整容，無復酒態。由是內外畏之，莫敢弛惰。庚申，上殂於
　　　　玉燭殿。〔註56〕

孝武末年行事作風更是變本加厲，透過獻奉與賭博贏取錢財的方式來突顯皇權的優越性。終日酣飲，少有醒時，卻於酒醉時仍強裝無恙處理奏事，刻意保持其機警莫測的形象，其背後自當承受無可言語之心理壓力。而人主這般視臣下如土芥的統御方式，亦使得朝野內外氣氛爲之凝重。幼主的即位，似乎給予朝臣們喘息的機會：

〔註53〕《通鑑》卷129 孝武帝大明 7 年（463），頁 4065。
〔註54〕《宋書》卷 76〈王玄謨傳〉，頁 1975。
〔註55〕《通鑑》卷129 孝武帝大明 7 年（463），頁 4065。
〔註56〕《通鑑》卷129 孝武帝大明 7～8 年（463～464），頁 4067。

> 世祖嚴暴異常，元景雖荷寵遇，恒慮及禍。太宰江夏王義恭及諸大
> 臣，莫不重足屏氣，未嘗敢私往來。世祖崩，義恭、元景等並相謂
> 曰：「今日始免橫死。」義恭與義陽等諸王，元景與顏師伯等，常相
> 馳逐，聲樂酣酒，以夜繼晝。〔註57〕

　　義恭與義陽等諸王，元景與顏師伯等，常相馳逐，聲樂酣酒，以夜繼晝。
除再次應證孝武高壓統治所造成的人情離異，朝臣與諸宗王於其身後終顯眞
性情。

　　於孝武朝人人膽戰心驚未敢私嘗往來的政圈與官場文化，因通宵達旦聲
樂酣酒的應酬而轉變爲熱絡。當朝文武似乎從前朝的政治壓抑中解放，朝中
諸政治勢力亦開始私相結派，造就了廢帝朝紛亂與政出多門的局勢。由下圖
當可進一步瞭解廢帝即位時朝中政治派系的分布：

廢帝朝中央重要政治勢力圖

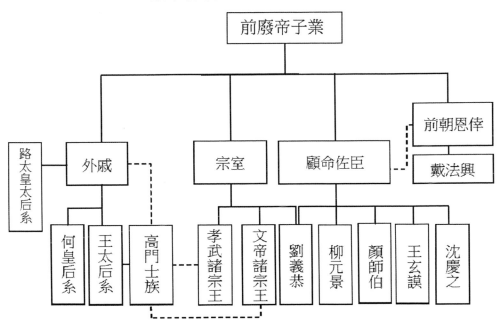

　　前廢帝子業即位初始，朝中政治運作看似皆由顧命佐臣義恭、師伯掌握，
而元景則以故吏舊佐身份與義恭等人同爲一氣。見元景於朝中處事：

> 元景起自將帥，及當朝理務，雖非所長，而有弘雅之美。〔註58〕

〔註57〕《宋書》卷77〈柳元景傳〉，頁1990。
〔註58〕《宋書》卷77〈柳元景傳〉，頁1990。

元景既有宏雅之美，實於永光年間皆順應義恭與師伯等人之政見。義恭使其
同奏興宗便是一例。〔註 59〕而義恭、師伯等人朝政推行的背後，又潛藏孝武
朝政治上所遺留之影響。往昔前朝恩倖做爲皇權統御之工具，憑主威而專權
行事，至廢帝朝竟演變爲尾大難制之局面：

> 世祖崩，前廢帝即位，法興遷越騎校尉。時太宰江夏王義恭錄尚書
> 事，任同總己，而法興、尚之執權日久，威行內外，義恭積相畏服，
> 至是懾憚尤甚。廢帝未親萬機，凡詔勅施爲，悉決法興之手，尚書
> 中事無大小，專斷之，顏師伯、義恭守空名而已。〔註 60〕

恩倖法興、尚之等人因執權日久得已權傾朝野，及尚之出爲新安王子鸞府僚
佐，宰輔義恭又引身避事，由是政歸近習，遂成法興一人專政局面。據此可
知，於時朝中掌實權者當推法興爲首，恐作爲皇權與當朝宰輔背後的藏鏡人，
操廢帝朝政局與政務之推動。

　　法興僭越的行爲，雖使義恭慎懾憚尤甚，卻也只能無奈迎合，既突顯了
執政團隊阿順法興的怯懦形象，亦引起部分朝臣異同之言論。時爲左民尚書
的蔡興宗便對執政與法興的施政大膽批評。〔註 61〕興宗先於廢帝即位時與義
恭在策文與否上爭論，另則對當朝政事多所不滿：

> 興宗職管九流，銓衡所寄，每至上朝，輒與令錄以下，陳欲登賢進
> 士之意，又箴規得失，博論朝政。義恭素性恇橈……聞興宗言，輒
> 戰懼無計……自孝建以來至大明末，凡諸制度，無或存者。興宗於
> 都坐慨然謂顏師伯曰：「先帝雖非盛德主，要以道始終。三年無改，
> 古典所貴……而凡諸制度興造，不論是非，一皆刊削。雖復禪代，
> 亦不至爾。天下有識，當以此窺人。」師伯不能用。〔註 62〕

興宗於抨擊朝政得失之餘，甚或對執政團隊悉改孝武朝制度不以爲然，著實
令義恭、師伯等人頭痛。後見興宗更以職管之便，於銓選事務上與執政大唱
反調，上演你陳我換之戲碼，見《宋書》所云：

> 興宗每陳選事，法興，尚之等輒點定回換，僅有在者。興宗於朝堂
> 謂義恭及師伯曰：「主上諒闇，不親萬機，而選舉密事，多被刪改，

〔註 59〕　《宋書》卷 57〈蔡廓附子興宗傳〉，頁 1577。
〔註 60〕　《宋書》卷 94〈恩倖傳〉，頁 2304。
〔註 61〕　《宋書》卷 57〈蔡廓附子興宗傳〉，頁 1574。
〔註 62〕　《宋書》卷 57〈蔡廓附子興宗傳〉，頁 1575。

復非公筆，亦不知是何天子意。」王景文、謝莊等遷授失序，興宗
又欲爲美選。〔註63〕

　　面對選舉密事多被刪改之情況，興宗於朝堂之上的反擊言論，已然參雜
個人情緒性用詞。興宗言是何天子意，除表達對執政團隊擅權的不滿，更間
接顯露於時政圈當有皇權旁落之傳聞，又或是廢帝權力被架空的看法。

　　興宗最後更因薛安都、殷恒之選事而與執政團隊徹底決裂。〔註64〕史書
言其於選事上大忤義恭及法興等，執政本想藉外放了事，興宗卻絲毫不領情，
除拒不受職外，甚至改求去益州。於討價還價之餘，愈是使執政怒火中燒，
義恭更是協同元景上奏，請解興宗連同其外甥袁愍孫一並付廷尉治罪。〔註65〕
興宗竟而外放交州新昌太守，造成朝廷喧然，莫不嗟駭的局面。〔註66〕興宗
外放一事顯然造成中央政界，乃至朝廷的騷動。最終在執政欲止息物議的情
況下，興宗由此停行。執政團隊大動作針對興宗等人整肅，引起整個政界的
高度關注，最後卻走到雷聲大雨點小的僵持局面，一方面自是因師伯於政界
醜聞與流言蜚語的牽扯，另則是法興等人不欲落得徙大臣之名。〔註67〕

　　興宗與執政們之間的恩怨情仇，隨著之後執政紛紛倒臺而草草收場。這
場政治紛爭由政論相異起始，一路從臺面上的政治角力衍生到執政私領域的
醜聞，除使政界各派人士高度關注外，也讓執政團隊於處理的過程中威信掃
地，亦無疑使執政大失人望。唯見孝武朝興宗與顧覬之語：

　　　幸臣戴法興權傾人主，而覬之未嘗降意。左光祿大夫蔡興宗與覬之
　　　善，嫌其風節過峻。覬之曰：「辛毗有云：孫、劉不過使吾不爲三公
　　　耳。」及世祖晏駕，法興遂以覬之爲光祿大夫，加金章紫綬。〔註68〕

興宗於前朝尚嫌好友覬之風節過峻，當朝竟成政界的急先鋒，其前後兩朝政
治上的態度轉變甚大。進一步究其身份與仕官背景觀察，可見其於太祖朝先
與王僧綽、建平王宏厚善。外甥袁愍孫母則爲琅邪王氏，太尉長史王誕女。
而興宗父廓年位雖輕，卻爲時流所推重。另見太子左率王錫妻與僧達所書：

　　　興宗幼立風概，家行尤謹，奉宗姑，事寡嫂，養孤兄子，有聞於世。

〔註63〕《宋書》卷57〈蔡廓附子興宗傳〉，頁1576。
〔註64〕《宋書》卷57〈蔡廓附子興宗傳〉，頁1576。
〔註65〕《宋書》卷57〈蔡廓附子興宗傳〉，頁1576～1578。
〔註66〕《南史》卷29〈蔡廓附子興宗傳〉，頁768。
〔註67〕《宋書》卷57〈蔡廓附子興宗傳〉，頁1578。
〔註68〕《宋書》卷81〈顧覬之傳〉，頁2080。

> 太子左率王錫妻范，聰明婦人也，有才藻學見，與錫弟僧達書，詰
> 讓之曰：「昔謝太傅奉嫂王夫人如慈母，今蔡興宗亦有恭和之稱。」
> 其為世所重如此。〔註69〕

透過王僧達與兄嫂的往來書信，可知興宗以良好的家行有聞於世，時高門華
族並所重之，應當和高門王氏之間有相當程度的淵源與往來。

　　而興宗又於孝武朝屢侍東宮，其外甥愍孫亦屢任東宮官職，兩人當為廢
帝所看重。〔註70〕另見愍孫與師伯於東宮冠禮宴席間之衝突：

> 皇太子冠，上臨宴東宮，與顏師伯、柳元景、沈慶之等並擁蒲，愍
> 孫勸師伯酒，師伯不飲，愍孫因相裁辱曰：「不能與佞人周旋。」師
> 伯見寵於上，上常嫌愍孫以寒素陵之，因此發怒曰：「袁濯兒不逢朕，
> 員外郎未可得也，而敢以寒士遇物！」將手刃之，命引下席。愍孫
> 色不變，沈、柳並起謝，久之得釋。〔註71〕

孝武既常嫌愍孫以寒素陵師伯，由是看來，愍孫早已和師伯結怨於前朝。此
次的衝突亦使兩人恩怨明朗化，愍孫最終因此出為海陵太守。而宴席間所發
生的一切皆看在時為東宮的廢帝子業眼裏：

> 廢帝即位，愍孫在郡，夢日墮其胸上，因驚。尋被徵管機密，歷吏
> 部尚書，侍中，驍衛將軍。〔註72〕

見愍孫仕途屢任東宮與子尚王府官職，並與執政師伯早有不合之先例，於孝
武身後政出多門的局勢下，廢帝如欲重振皇權理當可放心親任。故究其發夢
背後的涵義，顯然已知新主會再度起用他。而愍孫堂兄弟顗亦於孝武朝受廢
帝所深感。〔註73〕由是看來，興宗前後兩朝政治態度的轉變實有跡可循，同
愍孫與執政大唱反調，甚至引起政圈軒然大波，目的應當是阻止執政擅權。
實興宗與執政衝突的幕後主使者極可能是廢帝子業。透過於當世有盛名且與
高門士族關係良好的興宗，同愍孫意圖挑戰執政義恭等人，甚至是執政背後
掌實權者法興，由此不難看出廢帝欲重振皇權的急迫性，亦可想見於時皇權
相對低落之情景。

〔註69〕《宋書》卷57〈蔡廓附子興宗傳〉，頁1584。
〔註70〕蔡興宗與袁愍孫仕途詳見《宋書》卷57〈蔡廓附子興宗傳〉，頁1573～1574；
　　　　卷89〈袁粲傳〉，頁2229～2230。
〔註71〕《南史》卷26〈袁湛傳〉，頁702。
〔註72〕《南史》卷26〈袁湛傳〉，頁703。
〔註73〕《宋書》卷84〈袁顗傳〉，頁2149。

於興宗等人批評朝政的同時，執政團隊內部亦出現分裂的局面。八月，於戴法興等執政惡王玄謨剛嚴的情況下，解玄謨領軍將軍職，除爲南徐州刺史。〔註74〕玄謨受孝武遺詔輔政且掌管禁軍，於京城內具有相當實力。而史書言其剛嚴，當是未順應執政團隊作爲，甚至不受法興等人控制，故設法將其排除於中央朝政外。領軍將軍職則由宗室湘東王或接任，執政團隊可能想借重或於禁軍的深厚淵源，與其背後的高門士族政治勢力來穩定政局。而廢帝朝政出多門的詭譎局勢，更因王太后驟然病逝，使朝中政治紛爭進一步浮上臺面。

永光景和年間皇權運作

大明末，王太后於病危前夕呼其子廢帝，遭廢帝斷然拒絕。子業拒不侍親有失孝道的行爲，更淪作後世讀史者述及廢帝荒主形象其中的重要論點。見《宋書》所云：

> 初太后疾篤，遣呼帝。帝曰：「病人間多鬼，可畏，那可往。」太后怒，語侍者：「將刀來，破我腹，那得生如此寧馨兒！」及太后崩後數日，帝夢太后謂之曰：「汝不孝不仁，本無人君之相。子尚愚悖如此，亦非運祚所及。孝武險虐滅道，怨結人神，兒子雖多，並無天命。大運所歸，應還文帝之子。」其後湘東王紹位，果文帝子也。〔註75〕

首先於史書文本敘述裏出現多處謬誤。按上引文所述，顯然想將明帝即位合理化，並藉由廢帝的夢境強調湘東王篡位弒帝之正統性。而究廢帝所夢進一步分析，以王太后立場著眼當無可能有此言論，太后親生唯廢帝子業、子尚兩子，豈會因爲孝武險虐滅道，就言其子並無天命。又於夢境裏太后言廢帝不仁不孝，子尚愚悖的觀點來看，可知廢帝眼中子尚當屬其同黨，太后似乎於政治選擇上持與廢帝相反之立場。而廢帝拒不侍親的理由，以病人間多「鬼」，可畏，那可往。廢帝看似昏闇，且迷信巫覡鬼神。唯「鬼」字實有可議之處，如廢帝眞畏「鬼」，何以日後於竹林堂射鬼。〔註76〕莫非此「鬼」非鬼，鬼實另有其暗指。究竟王太后病人間還有哪些人於旁侍奉，成爲今日詮釋「鬼」字之無解難題。再觀《宋書》所云：

〔註74〕《通鑑》卷129孝武帝大明8年（464），頁4069。
〔註75〕《宋書》卷7〈前廢帝紀〉，頁147。
〔註76〕《宋書》卷7〈前廢帝紀〉，頁147。

> 廢帝幼而狷暴。及即位，始猶難太后、大臣及戴法興等，未敢自恣。
> 〔註77〕

顯見廢帝即位初始，皇權亦受太后制約難以伸展，到了未敢自恣的情況。由於政治上處處受到太后與執政的限制，廢帝很自然的將其看作政治上的對立面，甚至是阻礙皇權運作之絆腳石。

於太后身後，廢帝欲進一步排除危及皇權之政治勢力，首當其衝的則是天下輻湊、威行內外的法興：

> 太后既殂，帝年漸長，欲有所為，法興輒抑制之，謂帝曰：「官所為如此，欲作營陽邪！」帝稍不能平。所幸閹人華願兒，賜與無算，法興常加裁減，願兒恨之。帝使願兒於外察聽風謠，願兒言於帝曰：「道路皆言『宮中有二天子：法興真天子，官為贗天子。』且官居深宮，與人物不接，法興與太宰、顏、柳共為一體，往來門客恆有數百，內外士庶莫不畏服。法興是孝武左右，久在宮闈；今與他人作一家，深恐此坐席非復官有。」帝遂發詔免法興，遣還田里，仍徙遠郡。八月，辛酉，賜法興死；解巢尚之舍人。〔註78〕

由上引文視之，實廢帝對法興雖有顧忌，初始尚未動殺機，最主要仍是考量法興於前朝所建立的政治實力，與其政圈的人脈關係。法興作為侍奉人主的內臣，又具有左右政界的影響力，廢帝與法興本身應當都深知，整肅法興必使政界引起軒然大波，甚至動搖皇權的穩固。故權傾朝野的法興並未對廢帝突如其來的舉措有所防備，旋而束手就擒。而法興權勢原為前朝孝武所加諸，本因相輔皇權，並寄生於下，以唇齒相依；唯於廢帝眼裏，臥榻之側，豈容他人酣睡，最終難忍法興擅權之行徑。

法興的死，無疑發廢帝重振皇權之先聲，亦掀起諸政治勢力覬覦侵奪皇權之浪潮。於時廢帝亦利用高門士族對執政施加壓力，見王景文任右僕射事：

> 世祖臨崩，師伯受遺詔輔幼主……廢帝即位……師伯居權日久，天下輻輳，游其門者，爵位莫不踰分。多納貨賄，家產豐積，伎妾聲樂，盡天下之選，園池第宅，冠絕當時，驕奢淫恣，為衣冠所嫉……廢帝欲親朝政，發詔轉師伯為左僕射，加散騎常侍，以吏部尚書王

〔註77〕《通鑑》卷130明帝泰始元年（465），頁4074。
〔註78〕《通鑑》卷130明帝泰始元年（465），頁4074～4075。

景文爲右僕射。奪其京尹，又分臺任，師伯至是始懼。〔註79〕

師伯所行顯然早已爲衣冠所嫉。往昔師伯本爲景文所薦，後於孝武朝見受親任。〔註80〕史書並言其親幸隆密，群臣莫二。〔註81〕又於專情獨斷，奏無不可的情況下，自然容易引起士族的反感。廢帝以高門士族景文分其權任，而景文又爲領軍將軍湘東王彧之姻親，除使師伯礙於舊恩難以公開反駁外，實欲陷師伯於進退維谷之間。〔註82〕執政假若對廢帝所詔進行政治上的反擊，恐將紛爭遷延到掌控禁軍的湘東王彧身上。致使以義恭爲首的執政團隊，面對廢帝欲重振皇權的政治動作，當下無法作出任何應對計策。後便由憂懼進一步衍生出謀廢之意圖：

> 前廢帝少有凶德，内不能平，殺戴法興後，悖情轉露，義恭、元景等憂懼無計，乃與師伯等謀廢帝立義恭，日夜聚謀，而持疑不能速決。永光年夏，元景遷使持節、督南豫之宣城諸軍事、即本號開府儀同三司、南豫州刺史，侍中、令如故。未拜，發覺，帝親率宿衛兵自出討之。〔註83〕

廢帝既無法穩定朝中諸政治勢力，於時皇權更面臨諸多政治上的挑戰。除去法興之後，顯然政治局勢亦未見好轉，故言廢帝悖情轉露，實欲採行更激進的方式強化皇權。廢帝可能藉由朝中次要政治勢力打擊主要敵對政治勢力的方式，化被動爲主動，並期收漁人之利。執政日以繼夜的討論謀反計策，卻久未能決，主要原因自是顧慮中央禁軍的向背。而掌控禁軍的湘東王彧遂成爲關鍵人物，雖難從史書文本裏得知其明確的政治態度，唯於事後觀禁軍並未出現反動與支持執政的舉動，應當於政治選擇上並未偏向執政方。〔註84〕廢帝亦深知禁軍對於中央政局之重要性，幸賴孝武朝直閣之所成，乃透過直

〔註79〕 《宋書》卷 77〈顏師伯傳〉，頁 1995。

〔註80〕 《宋書》卷 77〈顏師伯傳〉，頁 1992。

〔註81〕 《宋書》卷 77〈顏師伯傳〉，頁 1994。

〔註82〕 《宋書》卷 85〈王景文傳〉，頁 2187 云：「景文出繼智，幼爲從叔球所知。美風姿，好言理，少與陳郡謝莊齊名。太祖甚相欽重，故爲太宗娶景文妹，而以景文名與太宗同。」

〔註83〕 《宋書》卷 77〈柳元景傳〉，頁 1990。

〔註84〕 《宋書》卷 8〈明帝紀〉，頁 151 云：「八年，出爲使持節、都督徐兗二州豫州之梁郡諸軍事、鎮北將軍、徐州刺史，給鼓吹一部。其年，徵爲侍中、護軍將軍。未拜，復爲領軍將軍，侍中如故。」實王玄謨出爲南徐州刺史後，或復爲領軍將軍。

閣重新建立親信見任之禁軍武力。〔註85〕觀廢帝朝直閣將軍，乃至直閣，儼然成為人主之親信爪牙，出為其平地方之亂，入則從其誅群公。而執政在無法尋得禁軍支持的情況下，遂轉而謀求慶之參與其事。

同為受詔顧命的慶之，素與義恭不厚，和師伯並有過結，竟而告發執政等人謀反意圖。〔註86〕廢帝遂親率羽林誅義恭、師伯與元景：

> 前廢帝狂悖無道，義恭、元景等謀欲廢立。永光元年八月，廢帝率羽林兵於第害之，并其四子⋯⋯斷析義恭支體，分裂腸胃，挑取眼精，以蜜漬之，以為鬼目粽。〔註87〕

廢帝討伐意圖謀反之徒本自應當，唯用極其慘酷的方式支解義恭，背後當存有警世之意味。〔註88〕史書文本裏的敘事導向皆以廢帝狂悖無道，誅戮群公的情況下，湘東王或以天命而代之；但眼見廢帝於太后、法興等大臣尚在時，未敢自恣，狂悖無道從何而來。再以義恭鬼目粽一事視之，實事出有因，見慶之發義恭等人事：

> 廢帝狂悖無道，眾並勸慶之廢立，及柳元景等連謀，以告慶之。慶之與江夏王義恭素不厚，發其事，帝誅義恭、元景等，以慶之為侍中、太尉，封次子中書郎文季建安縣侯，食邑千戶。〔註89〕

由上述引文可知，實義恭等人連謀廢立於後，早有眾人意圖不軌在前。處如此危急之政治局勢下，皇權乃至皇位實有顛覆的可能，故而廢帝終以殺一儆百的方式，期消弭眾人不臣之心。

廢帝誅義恭等執政後，改元景和，於政治上終揮去太后、法興與執政陰影。於官僚體系上亦欲任用親信之大臣，除慶之以密報執政事而舉族備受親待外，袁顗則因過往恩情任以朝政。另徐爰亦受廢帝所厚待：

> 前廢帝凶暴無道，殿省舊人，多見罪黜，唯爰巧於將迎，始終無迕。

〔註85〕 相關論點參看張金龍《魏晉南北朝禁衛武官制度研究》第12章〈劉宋禁衛武官制度〉，頁454～468（北京：中華書局，2004）；小尾孝夫〈劉宋孝武帝の対州鎮政策と中央軍改革〉，頁40～60。

〔註86〕 《通鑑》卷130明帝泰始元年（465），頁4075。

〔註87〕 《宋書》卷61〈武三王傳〉，頁1651。

〔註88〕 《宋書》卷77〈沈慶之傳〉，頁2005云：「文叔密取藥藏錄。或勸文叔逃避，文叔見帝斷截江夏王義恭支體，慮奔亡之日，帝怒，容致義恭之變，乃飲藥自殺。子祕書郎昭明，亦自縊死。」可知義恭被誅一事亦對當世部份朝臣造成憾懼作用。

〔註89〕 《宋書》卷77〈沈慶之傳〉，頁2004。

誅群公後，以爰爲黃門侍郎，領射聲校尉，著作如故。封吳平縣子，
食邑五百戶。寵待隆密，群臣莫二。帝每出行，常與沈慶之、山陰
公主同輦，爰亦預焉。〔註90〕

由上引文亦可應證本文此前論點，廢帝接連扳倒法興，以及顧命佐臣義恭、
師伯與元景，致使執政團隊，乃至整個官僚體系陷入群龍無首局面。唯殿省
內早佈滿執政所安置的舊吏從屬，既而廢帝要面對的是義恭等執政所遺留的
龐大政治勢力。廢帝恐因諸舊人過往政治立場相左而無法見任，並造成多見
罪黜的局面，唯透過官僚體系的重新洗牌，嘗試另行組建親帝系的朝中政治
勢力。由是看來，徐爰受廢帝所親重之因素，當非史書裏形容的巧於將迎，
始終無迕如此單純。除看重爰善得人主微旨，又頗涉書傳，尤悉朝儀的關係
外；於朝廷大禮儀注，非其議不行的情況下，廢帝借重爰除有利於自身行事，
亦便於朝政的推行。〔註91〕

另於禁軍系統的加強掌控上，亦可看出廢帝之用心。將湘東王或調離領
軍將軍職，使王玄謨回任，除減少宗王於中央政局的影響力外，加強皇權掌
控中央禁軍的意味濃厚。〔註92〕並於禁軍系統內安插厚待親任將領，授以直
閤、直閤將軍職，由禁衛武官制度內，發展直屬於皇權的禁軍武力，藉此作
爲皇權意志伸展的後盾，逐步強化與穩固皇權。〔註93〕

於廢帝強化與鞏固皇權的同時，亦針對朝中諸政治勢力作直接的打擊。
其中諸貴戚與宗室政治勢力，作爲可能危及皇權的潛在因素，故而打擊最甚。
如新安王子鸞，於孝武朝愛冠諸子，除上所盼遇者莫不入其國、府外，甚有
改廢東宮之傳聞，既而成爲廢帝欲重振皇權局勢下的犧牲者：

〔註90〕《宋書》卷94〈恩倖傳〉，頁2310。
〔註91〕《宋書》卷94〈恩倖傳〉，頁2310。
〔註92〕清·萬斯同《宋將相大臣年表》頁9，收於《二十五史補編》第四冊（臺北：
開明書局，1959）。據萬氏表可知湘東王於正月出鎮南豫州，八月命王玄謨爲
領軍將軍。
〔註93〕《通鑑》卷130明帝泰始元年（465），頁4086～4087云：「初，帝既殺諸公，
恐羣下謀己，以直閤將軍宗越、譚金、童太一、沈攸之等有勇力，引爲爪牙，
賞賜美人、金帛，充牣其家。越等久在殿省，眾所畏服，皆爲帝盡力；帝恃
之，益無所顧憚，恣爲不道，中外騷然。左右宿衛之士皆有異志，而畏越等
不敢發。」；另見《南齊書》卷24〈柳世隆傳〉，頁447云：景和昏悖，猜畏
柱臣，而攸之凶忍，趣利樂禍，請銜詔旨，躬行反噬。又攸之與譚金、童泰
壹等暴寵狂朝，並爲心膂，同功共體，世號「三侯」。由上引文可知，於時廢
帝透過親信直閤將軍做爲皇權之後盾，並使原禁軍左右宿衛之士畏不敢發。

帝素疾子鸞有寵，既誅群公，乃遣使賜死，時年十歲。子鸞臨死，
謂左右曰：「願身不復生王家。」同生弟妹並死，仍葬京口。〔註94〕

由子鸞臨終之言可知，於時身處中央政治漩渦裏的無奈，更道盡皇權對宗室
的猜忌顧慮。子鸞賜死一事亦波及部份高門士族。謝莊昔任子鸞王府長史，
開罪時為東宮的廢帝於前，遂因此險遭殺害，坐受牢獄之災。〔註95〕另見義
陽王昶亦淪為下一波整肅之對象：

昶輕詄褊急，不能祇事世祖，大明中常被嫌責，民間喧然，常云昶
當有異志。永光、景和中，此聲轉甚……江夏王義恭誅後，昶表入
朝，遣典籤蘧法生銜使，帝謂法生曰：「義陽與太宰謀反，我正欲討
之，今知求還，甚善。」又屢詰問法生：「義陽謀反，何故不啓？」
法生懼禍，叛走還彭城。帝因此北討，親率眾過江……昶知其不捷，
乃夜與數十騎開門北奔索虜，棄母妻，唯攜愛妾一人，作丈夫服，
亦騎馬自隨。〔註96〕

昶謀反傳言至永光、景和中甚囂塵上。又於廢帝即位初始與義恭等執政互動
頻繁密切。〔註97〕廢帝自然將其歸為義恭黨徒，欲除之而後快。

除對宗王勢力的翦除不遺餘力外，亦針對可能危及皇權的貴戚作進一步
的打擊：

孝武文穆王皇后諱憲嫄，琅邪臨沂人…后父偃，字子游，晉丞相導
玄孫，尚書曇之子也……長子藻，位至東陽太守。尚太祖第六女臨
川長公主諱英媛。公主性妒，而藻別愛左右人吳崇祖，前廢帝景和
中，主讒之於廢帝，藻坐下獄死，主與王氏離婚。〔註98〕

臨川長公主究竟所讒何言無從得知。唯主與王氏離婚，加之帝舅藻的死，進
一步斷絕廢帝與高門王氏之間的關係；背後象徵的政治意義，實重於臺面上
藻因別愛左右人下獄死。除對高門王氏的打擊與疏離外，矛頭接著轉向累世
貴戚何氏，見山陰公主事：

山陰公主淫恣過度，謂帝曰：「妾與陛下，雖男女有殊，俱託體先帝。
陛下六宮萬數，而妾唯駙馬一人。事不均平，一何至此！」帝乃為

〔註94〕《宋書》卷80〈孝武十四王傳〉，頁2065。
〔註95〕《宋書》卷85〈謝莊傳〉，頁2177。
〔註96〕《宋書》卷72〈文九王傳〉，頁1869。
〔註97〕《宋書》卷77〈柳元景傳〉，頁1990。
〔註98〕《宋書》卷41〈后妃傳〉，頁1289。

主置面首左右三十人；進爵會稽郡長公主，秩同郡王，食湯沐邑二
千戶，給鼓吹一部，加班劍二十人。帝每出，與朝臣常共陪輦。主
以吏部郎褚淵貌美，就帝請以自侍，帝許之。淵侍主十日，備見逼
迫，誓死不回，遂得免。〔註99〕

廢帝厚愛且進爵同母妹自然可以理解，而山陰公主的閨門密事則難以詳述其
真偽。〔註100〕唯就主請帝以褚淵自侍一事視之，廢帝當無成全公主之意，否
則淵哪會有誓死不回，遂以得免的可能。又引文除敘述淵受逼迫堅決不從的
態度外，全無論述駙馬戢對公主言行之看法，唯從史書文本對戢性情的描述：

美容儀，動止與褚淵相慕，時人呼為「小褚公」。家業富盛，性又華
侈，衣被服飾，極為奢麗。〔註101〕

可知戢因行為舉止與淵相慕，時人呼為小褚公。而美容儀、華侈的個性當非
朝夕可養成。再由山陰公主觀點視之，喜新厭舊人之常情，唯新舊自當相異，
即皆相似仿同，何須捨近求遠橫生事端。按上述雖難論山陰公主事真偽，且
知史書文本欲藉由廢帝與主的對話過程，刻劃出孝武子嗣荒淫悖道的情景。
再由廢帝允諾公主事視之，自有其背後的政治意圖，而其中針對的對象亦非
褚淵，應為公主夫婿何戢：

景和世，山陰主就帝求吏部郎褚淵入內侍己，淵見拘逼，終不肯從，
與戢同居止月餘日，由是特申情好。〔註102〕

何戢先為太子中舍人，接著轉為新安王文學。恐因其後為子鸞王府僚佐政治
立場相左的原故，淪為廢帝一併打擊的對象。廢帝可能欲以公主事觀察戢之
言行反應，甚或是逼使其做出政治選擇。唯萬無料想刻意許之的屈辱，反使
性情相投的二人萌生同為淪落人之情誼，由是特申情好。

　　另見同為貴戚的何邁，亦遭廢帝應用相仿的政治手段，期以閨門無禮的
方式威逼打壓邁。於京城周邊擁大批部曲武力的邁，最終難忍屈辱圖思謀反，
竟而遭廢帝所誅：

時廢帝狂凶，多所誅害。前撫軍諮議參軍何邁少好武，頗招集才力

〔註99〕《宋書》卷7〈前廢帝紀〉，頁147～148。
〔註100〕相關論點參看川合安〈南朝の公主—貴族社会のなかの皇帝の娘たち〉收錄
於《ジェンダーの中國史》，頁66～77（東京：勉誠出版，2015）；王偉《兩
漢魏晉南北朝公主研究》，頁23～26，華東師範大學碩士論文（2008）。
〔註101〕《南齊書》卷32〈何戢傳〉，頁584。
〔註102〕《南齊書》卷32〈何戢傳〉，頁583。

之士。邁先尚太祖女新蔡公主，帝詐云主薨，殺宮人代之，顯加殯葬，而納主於後宮。深忌邁，邁慮禍及，謀因帝出行為變，迎立子勛。事泄，帝自率宿衛兵誅邁，使八座奏子勛與邁通謀。又手詔子勛曰：「何邁殺我立汝，汝自計孰若孝武邪？可自為其所。」遣左右朱景雲送藥賜子勛死。景雲至盆口，停不進，遣信使報長史鄧琬。琬等因奉子勛起兵，以廢立為名。〔註103〕

何邁密謀擁立子勛，尋而受誅。可知此前邁當與子勛王府具相當程度的往來關係，故選擇子勛為擁立對象。再由廢帝納新蔡公主一事觀之，實可析出廢帝的統治思維與御下的方式，均和孝武相似雷同。如過往孝武淫義宣諸女，逼使義宣恨怒而反。〔註104〕今子業則納主於後宮，使邁慮禍及而謀擁子勛。再者，先有孝武狎侮群臣，隨其狀貌，各有比類，又令左右於朝堂之上丈擊群臣。後子業則因畏忌諸父，遂拘於殿內，並以形貌別有稱呼，且於誅群公後，元凱以下皆被毆搥牽曳。〔註105〕兩相對照之下，實統治思維與御下方式宛如一轍。

於法興、義恭與師伯等執政死後，因政局的紛亂，與諸政治勢力除之不盡的情況下，廢帝最終引用前朝人主對待臣下的方式，期望更甚孝武朝的高壓統治方式能消弭眾人不臣之心。當然由廢帝選擇如此激進作法視之，實突顯當前政局處於高度不穩定的狀態。

另身兼人子與皇儲的子業，君父孝武予其之觀感，乃至心理層面的影響，顯然頗具矛盾性質。因前朝人主秉權於一身，皇權得到極大的伸展空間，加之廢帝朝正逢混亂且多變的政局，眾人交相結黨成派，政治風氣迥異於前朝，唯藉引孝武御下方式為例，用以穩定政局與鞏固皇權。而子業於東宮時，因不得孝武寵，屢有改廢意圖，由是憎恨君父。竟而由史書文本所述可知，廢帝不乏以其對孝武之觀感，套用於相較的競爭對象上，又或者透過貶抑前朝君父之形象，突顯自身的優越性。如其於太廟評論祖考畫像一事。〔註106〕而手詔子勛語：「孰若孝武邪？」亦是明顯的例子。當然究廢帝所詔背後，可能潛藏廢帝對孝武、乃至文帝朝政治上的見解：

〔註103〕《宋書》卷80〈孝武十四王傳〉，頁2060。
〔註104〕《通鑑》卷128孝武帝孝建元年（454），頁4011。
〔註105〕《宋書》卷7〈前廢帝紀〉，頁147。
〔註106〕《通鑑》卷130明帝泰始元年（465），頁4077。

帝又以太祖、世祖在兄弟數皆第三，江州刺史晉安王子勛亦第三，

故惡之，因何邁之謀，使左右朱景雲送藥賜子勛死。〔註107〕

由是看來，廢帝實畏忌子勛以第三子的身份取而代之。另見《宋書》所云：

前廢帝狂悖無道，以太祖、世祖並第數居三以登極位，子勛次第既

同，深構嫌隙，因何邁之謀，乃遣使齎藥賜子勛死。〔註108〕

《宋書》裏的廢帝竟因次第居三原由，便欲加以屠滅宗親，成為塑造廢帝狂
悖無道形象最佳例證。唯當世尚存相同觀點之傳聞，甚至為時人所採信，見
鄧琬事：

會太宗定亂，進子勛號車騎將軍、開府儀同三司。令書至，諸佐吏
並喜，造琬曰：「暴亂既除，殿下又開黃閣，實為公私大慶。」琬以
子勛次第居三，又以尋陽起事，有符世祖，理必萬克。乃取令書投
地曰：「殿下當開端門，黃閣是吾徒事耳。」眾並駭愕。〔註109〕

由上述引文可知，琬亦深信次居第三一事，甚至將之視作符讖，認為有符世
祖，理必萬克。故，猶難以次居第三一事論廢帝狂悖無道。唯現存史料的缺
乏，無從更深入暸解當世對排行第三繼承皇權的相關看法；乃至廢帝既已為
人主，何以特別厭惡子勛同太祖、世祖皆數第三一事，只能以太祖、世祖皆
排行第三入登大寶解釋之。

　　觀廢帝親政後一連串的政治動作，既過於激進且殺戮過甚，除顯露於時政
治紛亂的急迫性與嚴重性外，實皇權可能無法藉由正常運作穩定政局。於八月
賜死法興到十一月被廢弒的短暫時間裏，廢帝無情打擊可能危及皇權的諸政治
勢力，卻也無疑侵害過多人政治上的利益與權力，見廢帝誅執政後的求才詔：

昔凝神佇逸，磻溪讚道，湛慮思才，傅巖毗化。朕位御三極，風澄
萬宇，資鉞電斷，正卯斯殄。思所以仰宣遺烈，俯弘景祚，每結夢
庖鼎，瞻言板築，有劬日昃，無忘昧旦。可甄訪郡國，招聘閭部：
其有孝性忠節，幽居遜棲，信誠義行，廉正表俗，文敏博識，幹事
治民，務加旌舉，隨才引擢。庶官克順，彝倫咸叙。主者精加詳括，
稱朕意焉。〔註110〕

〔註107〕《通鑑》卷130明帝泰始元年（465），頁4086。
〔註108〕《宋書》卷84〈鄧琬傳〉，頁2130。
〔註109〕《宋書》卷84〈鄧琬傳〉，頁2131。
〔註110〕《宋書》卷7〈前廢帝紀〉，頁144。

藉由正卯的影射比喻，亦可知皇權於政治上所面臨的巨大挑戰。而求才詔頒布後，廢帝於政治上對高門士族不分親疏的打擊行徑，使皇權與高門士族政治勢力徹底脫勾，亦令諸人更感不安。最終演變成眾思叛、親思離的政治局面。如廢帝所引見親任的袁顗，終求遠離中央政治漩渦而自安。〔註 111〕而蔡興宗可能因過往與高門士族的深厚淵源，竟而政治態度順勢轉傾，遂大行挖廢帝牆腳之能事。

　　廢謀之事本當謹慎密秘，興宗竟屢次高調慫恿廢帝身邊親信大臣舉事，盡顯廢帝處理中央政局的失當與無力，除引發政界衣冠的高度反彈，皇權亦再度面臨嚴峻的挑戰。當君臣之間陷入權力與自保的螺旋進程裏，廢帝唯存以殺戮止猜疑的方式，又猜疑亦再生於殺戮的局面。〔註 112〕沈慶之便為其中一例。慶之因報執政事而備受廢帝親暱重用，一門亦見受親待，義陽王昶謀反時並從帝總統眾軍。〔註 113〕唯作為廢帝親信左右，涉入於時詭譎紛亂的中央政治漩渦過深，因而慮危禍及而不安，興宗既為說客欲促慶之舉事謀反：

> 太尉沈慶之深慮危禍，閉門不通賓客，嘗遣左右范羨詣興宗屬事……興宗因說之曰……主上紹臨，四海清謐，即位正是舉止違衷，小小得失耳，亦謂春秋尚富，進德可期。而比者所行，人倫道盡。今所忌憚，唯在於公……若復坐視成敗者，非唯身禍不測，四海重責，將有所歸……慶之曰：「僕比日前，慮不復自保，但盡忠奉國，始終以之……興宗曰：「當今懷謀思奮者，非要富貴，求功賞，各欲免死朝夕耳。殿內將帥，正聽外間消息……諸舊部曲，布在宮省，宗越、譚金之徒，出公宇下，並受生成，攸之、恩仁，公家口子弟耳，誰敢不從。且公門徒義附，並三吳勇士……攸之公之鄉人……使攸之率以前驅，天下之事定矣。僕在尚書中，自當率百僚案前世故事，更簡賢明，以奉社稷……今若沈疑不決，當有先公起事者，公亦不免附從之禍。車駕屢幸貴第，醉酣彌留，又聞屏左右獨入閤內，此萬世一時，機不可失……慶之曰：「深感君無已。意此事大，非僕所

〔註 111〕《宋書》卷 84〈袁顗傳〉，頁 2150。

〔註 112〕相關論點參看朱堅章《歷代篡弒之研究》第五章〈篡弒的動機——權力與自保〉，頁 216～230（臺北：嘉新水泥，1964）。

〔註 113〕《宋書》卷 77〈沈慶之傳〉，頁 2004 云：「之與江夏王義恭素不厚，發其事，帝誅義恭、元景等，以慶之為侍中、太尉，封次子中書郎文季建安縣侯，食邑千戶。義陽王昶反，慶之從帝度江，總統眾軍。」

能行，事至故當抱忠以沒耳。」頃之，慶之果以見忌致禍。〔註114〕

按興宗與慶之所言，可知興宗的政治態度驟然丕變，倒向反廢帝陣營。作爲反廢帝政治勢力一方，更期望慶之勿止於袖手旁觀，應由外順勢而起，內則經由其職掌幫慶之更簡賢明。只可惜興宗並未論及其眼裏的賢明爲何人。而「當有先公起事者，公亦不免附從之禍。」即闡明朝中既存反廢帝之政治勢力，且謀廢之意在即。總的來說，史書文本欲藉興宗與慶之話語，塑造廢帝離心離德的形象，而抱忠盡義的慶之最終遭廢帝所忌殺，並可加深興宗所持論點的正確性與正確性。唯從諸舊部曲，布在宮省，車駕屢幸貴第，醉酣彌留，皆屏左右獨入閤內等事來看，於時慶之受廢帝親信見待如此，何以忌之，實文本所載當有倒果爲因之嫌。

廢帝既以少主即位，又頻頻藉激進的政治手段提升皇權，造就了廢帝於他人眼裏「刑殺過甚」的刻板形象。〔註115〕除間接讓反廢帝政治勢力有機可趁，亦使有心人士便於朝野廣散謠言，用以分化廢帝親信左右，甚至演變成舉朝內外惶怖的局勢：

> 時領軍王玄謨大將有成名，邑里訛言云已見誅，市道喧擾。玄謨典籤包法榮者……爲玄謨所信，見使至，興宗因謂曰：「領軍殊當憂懼。」法榮曰：「領軍比日殆不復食，夜亦不眠，常言收已在門，不保俄頃。」興宗曰：「領軍憂懼，當爲方略，那得坐待禍至。」初，玄謨舊部曲猶有三千人，廢帝頗疑之，徹配監者。玄謨太息深怨，啓留五百人巖山營墓，事猶未畢，少帝欲獵，又悉喚還城。〔註116〕

由上引文視之，不難看出君臣之間的關係，因邑里訛言搞得疑雲密布，且互不自安。興宗更趁此之機加以煽動，大有火上加油之感。慶之與玄謨兩人必竟歷侍文帝、孝武至廢帝朝，政治上的經驗累積豐富，終難爲他人語所輕易動搖。只見興宗猶未死心，又勸玄謨以還城兵眾舉事：

> 興宗勸以此眾舉事……玄謨遣法榮報曰：「此亦未易可行，期當不泄君言。」太宗踐祚，玄謨責所親故吏郭季產、女婿韋希眞等曰：「當艱難時，周旋輩無一言相扣發者。」季產曰：「蔡尚書令包法榮所道，

〔註114〕《宋書》卷57〈蔡廓附子興宗傳〉，頁1579~1580。

〔註115〕《宋書》卷76〈王玄謨傳〉，頁1976云：「少帝既誅顏師伯、柳元景等，狂悖益甚，以領軍徵玄謨。子姪咸勸稱疾，玄謨曰：『吾受先帝厚恩，豈可畏禍苟免。』遂行。及至，慶表諫諍，又流涕請緩刑去殺，以安元元。」

〔註116〕《宋書》卷57〈蔡廓附子興宗傳〉，頁1580~1581。

非不會機，但大事難行爾，季產言亦何益。」玄謨有慚色。〔註117〕

由玄謨責季產等人時的回應可知，興宗勸玄謨之詞連季產等人並知之。視興宗將謀反廢立之事說得如此簡單，且絲毫無懼他人有洩漏之可能，當非表面所見如此單純。後又見其勸廢帝親信右衛將軍劉道隆舉事。〔註118〕如此頻繁罕見的將謀反之事掛在嘴邊，甚是不合情理。實興宗欲針對廢帝親信左右加以離間分化，唯難論是否具幕後主使者於背後指導推動。

於時流言蜚語亦可能影響廢帝對親信左右的看法。既而於誅何邁前，早已慮慶之不同，先斷慶之勸阻去路，終賜慶之死。〔註119〕恐至最末廢帝方知曉興宗政治態度上的轉變：

> 前廢帝景和末，召礫妃江氏入宮，使左右於前逼迫之，江氏不受命。
> 謂曰：「若不從，當殺汝三子。」江氏猶不肯。於是遣使於第殺敬猷、
> 敬淵、敬先，鞭江氏一百。其夕廢帝亦殞。〔註120〕

廢帝亦有使左右淫辱諸妃、主，並逼之就範先例。〔註121〕其中並具屈辱政敵的宣示意味。〔註122〕召江氏卻一反其作風，未強逼就範，反以殺三子為首要，實因敬猷與興宗女婿之原故。廢帝可能透過殺敬猷的方式，用以警告興宗。唯此間政治上的作為，顯見為時於晚，難掩皇權之頹勢。

廢帝最終為湘東王或所篡弒。或除與高門王氏有婚聘關係外，同禁軍亦有深厚的淵源，因而得以於宮門內弒帝奪位。又廢帝與高門士族政治勢力關係進一步做切割後，於景和中改立太皇太后弟道慶女路氏為皇后，實欲藉重路太皇太后政治上的支持來穩定政局。〔註123〕今史書文本難見太皇太后，乃

〔註117〕《宋書》卷57〈蔡廓附子興宗傳〉，頁1581。

〔註118〕《宋書》卷57〈蔡廓附子興宗傳〉，頁1581云：「右衛將軍劉道隆為帝所寵信，專統禁兵，乘輿嘗夜幸著作佐郎江斅宅，興宗馬車從道隆從車後過，興宗謂曰：『劉公！比日思一閑寫。』道隆深達此旨，掐興宗手曰：『蔡公！勿多言。』」

〔註119〕《宋書》卷77〈沈慶之傳〉，頁2004。

〔註120〕《宋書》卷72〈文九王傳〉，頁1858。

〔註121〕《通鑑》卷130明帝泰始元年（465），頁4087。

〔註122〕《宋書》卷72〈文九王傳〉，頁1872云：「時廢帝狂悖無道，誅害羣公，忌憚諸父，並囚之殿內，毆捶凌曳，無復人理……欲害太宗及休仁、休祐前後以十數，休仁多計數，每以笑調佞諛悅之，故得推遷。常於休仁前使左右淫逼休仁所生楊太妃，左右並不得已順命，以至右衛將軍劉道隆，道隆歡以奉旨，盡諸醜狀。」

〔註123〕《宋書》卷41〈后妃傳〉，頁1288。

至路氏一門弟子於永光景和政治上的作爲，且見義嘉難作時太皇太后的反應：

> 廢帝立，號太皇太后。明帝踐阼，號崇憲太后……及聞義嘉難作，太
> 后心幸之，延上飲酒，置毒以進。侍者引上衣，上寤，起以其巵上壽。
>
> 是日太后崩，祕之，喪事如禮。遷殯東宮，題曰崇憲宮。〔註124〕

《宋書》則未提及崇憲太后欲毒明帝事。〔註125〕如按《南史》所言，崇憲太后實際上更希望孝武子嗣能繼承大統。再由廢帝急欲拉攏路氏一門的角度來看，顯然欲重用僅存的外戚政治勢力作爲鞏固皇權的屏障。又於立路后後，取少府劉勝子爲太子。〔註126〕於如此短暫的時間點內急欲建立皇位繼承人，恐因政局愈加險峻不利於皇權，欲透過立后與立皇子的方式，減少反對政治勢力直接對皇權所造成的壓迫與威脅。唯最終仍難免廢弒敗亡收場。

結　論

於永光景和年間，因少主即位，政局動盪，且使皇權運作面臨嚴重的挑戰。唯於如此短暫的歷史時間內，廢帝子業旋被篡弒。透過史書文本的編修撰述，將廢帝鞏固皇權的諸行徑加以醜化，遂建構出廢帝「狂主」的形象；再經由後世讀史者進一步的論述後，遂成「荒主」罵名於世。

而廢帝子業既被描述成狂荒之輩，諸行徑自然看似多所狂暴，朝野內外由是離心離德，遂由湘東王或廢昏立明應承天命得位。唯史書文本裏的論述仍具倒果爲因之嫌。當朝政局紛亂非肇使於廢帝昏暴，於時皇權恐面臨諸政治勢力，甚或是整個官僚體系的挑戰。觀廢帝以年少即位，諸政治勢力難制，政局紛亂詭譎在先，皇權低落無以伸展，屢有遭顚覆之可能；廢帝遂引前朝人主的高壓統治思維爲依據，藉由更激進的政治手段來鞏固皇權。

另史書文本裏的湘東王或，無論作爲受廢帝政治上所猜忌的無辜對象，或是廢帝狂暴行徑下虎口逃生的受害者，於弒帝奪位前超然的政治態度，仿佛未涉入廢帝朝政界鬥爭當中。唯深究其政治背景與仕途，既與華族王氏有婚聘關係，當和高門士族政治勢力緊密結合；又於前後兩朝屢任禁軍要職，自與中央禁軍有深厚的淵源。故可知其於廢帝朝政局當中具有相當的重要

〔註124〕《南史》卷11〈后妃傳〉，頁322。

〔註125〕《宋書》卷41〈后妃傳〉，頁1289。

〔註126〕《宋書》卷7〈前廢帝紀〉，頁145。少府劉勝《南史》〈前廢帝紀〉作劉曚，〈休仁傳〉作劉蒙。

性。實湘東王或於廢帝朝的政治態度，乃至政治上的作爲，皆非史書文本所述簡單。經由上述所歸結之論點，當可瞭解於時皇權所面臨的挑戰，與廢帝荒主行徑背後更深一層的涵義。

徵引書目

一、傳統文獻

1. 南朝‧梁，沈約《宋書》，北京：中華書局，2011。
2. 南朝‧梁，蕭子顯《南齊書》，北京：中華書局，2008。
3. 唐‧李延壽《南史》，北京：中華書局，2003。
4. 宋‧王欽若《冊府元龜》，北京：中華書局，2003。
5. 宋‧司馬光《資治通鑑》，北京：中華書局，2007。
6. 宋‧李昉《太平御覽》，北京：中華書局，1998。
7. 宋‧葉適《習學記言序目》，北京：中華書局，2009。
8. 清‧王夫之《讀通鑑論》，北京：中華書局，2011。
9. 清‧趙翼《二十二劄記》，北京：中華書局，2007。
10. 清‧萬斯同《宋將相大臣年表》，《二十五史補編》，臺北：開明書局，1959。
11. 清‧嚴可均輯校《全宋文》，《全上古三代秦漢三國六朝文》，北京：中華書局，2009。

二、研究論著

（一）專書

1. 毛漢光《中古政治史論》，臺北：聯經出版，1990。
2. 王仲犖《魏晉南北朝史》，北京：中華書局，2007。
3. 田餘慶《東晉門閥政治》，北京：北京大學，2005。
4. 朱堅章《歷代篡弒之研究》，臺北：嘉新水泥，1964。
5. 呂思勉《兩晉南北朝史》，上海：上海古籍出版社，1983。
6. 何德章《魏晉南北朝史叢稿》，北京：商務印書，2010。
7. 張儐生《魏晉南北朝政治史》臺北：文化大學，1983。
8. 張金龍《魏晉南北朝禁衛武官制度研究》，北京：中華書局，2004。
9. 閻步克《波峰與波谷：秦漢魏晉南北朝的政治文明》，北京：北京大學出版社，2009。
10. 嚴耀中《魏晉南北朝史考論》上海：人民出版社，2010。

11. 川勝義雄《中国の歷史3魏晉南北朝》，東京：講談社，1974。

12. 川本芳昭《中国の歷史05中華の崩壞と拡大》，東京：講談社，2005。

13. 安田二郎《六朝政治史の研究》，京都：京都大學，2003。

14. 宮川尚志《六朝史研究‧政治社會篇》，東京：日本學術振興會術，1956。

（二）論文

1. 川合安〈『宋書』と劉宋政治史〉《東洋史研究》61卷2號，頁36～38
   （2002）。

2. 川合安〈南朝の公主──貴族社会のなかの皇帝の娘たち〉收錄於小浜
   正子《ジェンダーの中国史》，頁66～77（東京：勉誠出版，2015）。

3. 小尾孝夫〈劉宋前期における政治構造と皇帝家の姻族‧婚姻関係〉《歷
   史》第100輯，頁1～26（2003）。

4. 小尾孝夫〈劉宋孝武帝の対州鎮政策と中央軍改革〉《集刊東洋學》第
   91輯，頁40～60（2004）。

5. 王永平〈劉裕、劉毅之爭與晉宋變革〉《江海學刊》第3期，頁152～163
   （2012）。汪奎〈劉宋元嘉時期的中外軍制〉《浙江師範大學學報》第149
   期32卷，頁85～89（2007）。

6. 祝總斌〈從《宋書‧蔡興宗傳》看封建王朝的「廢昏立明」〉《北京大學
   學報》第2期（1987）。

7. 李文才〈南朝何曾多荒主──翼《二十二箚記》「宋齊多荒主」條辨正〉
   《陝西師範大學繼續教育學報》卷18第1期，頁59～62（2001）。

8. 吳慧蓮〈六朝時期的君權與政制演變〉《漢學研究》卷21第1期，頁138
   ～140（2003）。

9. 張亞軍〈宋文帝論〉《廊坊師範學院學報》卷19第3期，頁52～57（2003）。

10. 陳春雷〈論晉宋之際的京口集團〉《淮陰師範學報》第88期，頁131～
    135（2000）。楊恩玉〈宋文帝與「元嘉之治」重估〉《山東大學學報》第
    4期，頁89～93（2009）。

11. 馮典章〈再造王室：劉裕建義討桓集團的構成〉《臺南大學人文研究學報》
    第50卷第一期，頁23～44（2016）。

（三）學位論文

1. 王偉，《兩漢魏晉南北朝公主研究》（上海：華東師範大學中國古代史碩
   士論文，2008）。

2. 左華明〈整合與破裂──晉末宋初政治及政治格局研究〉，武漢大學歷史
   學博士論文（2010）。